有種生活叫宋朝

吳鉤 著

目錄

輯五 貪玩的風氣

輯六 在途的風景

序——

宋朝人如何過小日子

這是一本講宋朝市民如何過小日子的書。

既然如此，我便不會將重心放在政治、法制、經濟層面的大敘事上，而是聚焦於宋朝人的日常生活，選取風雅的、有趣的、富含現代氣息的宋人生活切片，用生動的語言、場景化的描述將其呈現出來。根據講述內容的不同，我將全書分為八輯，每輯六篇文章，一共有四十八篇正文。

輯一，我們把視線聚焦在宋朝人的日常生活中，講他們如何刷牙、洗澡、逗貓、找家事服務、聊十二星座、叫外送等，主場景是家庭，主旨是表現宋人生活的現代氣息。

輯二，我們講述的主場景也是家庭，但關注的重點是宋人生活中的時尚，講宋朝三大雅事：點茶、插花、焚香，以及簪花、刺青、化妝等宋人的風雅興趣。

輯三，主場景還是家庭，但焦點轉到宋朝女性身上，講她們如何相親、婚後地位、是否可以提離婚、是否有財產權等等。透過這幾個層面，我們能看到一個立體的宋朝女性。

輯四，我們的主場景從室內轉到室外，到宋朝的市井看看。我會介紹宋朝人最喜愛的茶坊、酒樓、食店，以及各種美酒、美食，讓讀者由衷感受到宋代真是「吃貨」的黃金時代。

輯五，講了「吃喝」，當然還要講「玩樂」。這一輯我們會講宋朝人怎麼玩，包括玩馬球、相撲、足球、看娛樂表演等等。我們要說的並不是體育運動，而是宋朝人的生活方式。

輯六，「玩樂」的延伸，從「玩樂」到「遊玩」，重點放在「遊」，講宋朝人最流行的出遊方式。

輯七，出遊需要空閒時間，所以在這一輯中，我會介紹宋朝人的假日，以及幾個重要節日的有趣活動。這些節日活動是宋朝的特色，與我們今天的節日過法很不一樣。

輯八，前面對宋人生活各個層面的講述，都離不開一個核心：宋朝人的小日子過得很風雅、很精緻、很有現代氣息，而這一切需要一個基礎，就是經濟上的繁榮。所以這一輯，我會講宋朝的商業繁華。我們不討論宏觀的經濟，而是將目光投到生動的城市市井生態上，看看宋朝的商業廣告、宋人所用的鈔票、平民的日薪、繁華的夜市等等。

我們的第一篇文章是從宋人的早晨開始的，而最後一篇文章將定格於宋朝的夜晚，由此形成「宋朝小日子」的循環。

熟悉我的讀者應該知道，這幾年我出版了幾本介紹宋朝生活的書，如《宋：現代的拂曉時辰》、《風雅宋：看得見的大宋文明》、《好一個宋朝》等，不過這本書的風格跟前作相比，差異頗大，主要體現在三點：一，我在書中安排了大量生動的人物對話與情境，富有畫面感，希望讓讀者能感覺身歷其境；二，行文更加通俗易懂，引用的文言文都有翻譯或解釋；三，書中穿插了眾多小故事，以此反映宋人的日常生活。簡而言之，這本書比我的其他作品更具可讀性、更適合大眾閱讀。

曾有不少朋友問我：你寫了這麼多關於宋朝的文章，如果有機會穿越到過去，你會選擇宋朝嗎？我也注意到，不少文化名人都表示「我願意生活在宋朝」，比如財經作家吳曉波先生說過：「有雜誌發問卷給我：『如果你能穿越，最喜歡回到哪個朝代？』我想了一下說：『宋朝吧。』」清華大學教授劉東先生也說：「我最願意去活一次的地方，無疑是在十世紀的中國汴京。對於天水一朝的文物之盛，我是那樣地心往神追……。」

但是，如果你問我：「你想穿越到宋朝嗎？」我的答案是：「不願意。」原因很簡單，因為古代沒有網路，沒有手機，沒有電影、電視劇，沒有汽車、飛機、高鐵，沒有沖水馬桶，沒有大型超市，生活無疑比現代社會不便得多。

可話又說回來，如果有人非要穿越，我還是會建議他選擇宋朝。我們不妨來比較一下穿越到宋朝，與穿越到其他朝代的差別。

作為一個普通的現代人，如果穿越到宋朝，會比穿越到唐朝、明朝、清朝更容易適應一些，因為宋人的生活與我們熟悉的現代生活比較接近，若是穿越到其他朝代，你可能會覺得非常不習慣。比如說唐朝，別看「大唐盛世」的名號漂亮，不說別的，光是宵禁，每天入夜街路就要清空，你要是夜晚上街閒晃，便是「犯夜」，會被抓起來打板子的。

如果穿越到明朝，特別是明初呢？恐怕會更加不適應。因為明朝恢復了唐朝時嚴厲的宵禁制度，且不允許居民自由外出，農民的活動範圍限在一里之內，必須朝出暮入。你若想出一趟遠門，必須先向戶籍所在地的官府申辦「路引」，也就是通行證；如果你沒有申請就出發，被抓到可是有罪的，輕則打板子，重則殺頭。

如果你穿越到宋朝，情況就不一樣了。宋朝時，宵禁制度已經鬆弛，夜生活開始豐富起來；人們出遠門也不需要開具路引，只要帶足路費，隨時都可以走，只有在進出要塞的關禁時，才需要辦理通行證。

總而言之，宋朝式的小日子，現代人過起來會更容易適應一些。但我講述這些，可不是為了引誘你穿越。現代人嘛，還是生活在現代更好。我只希望這本小書能夠為你打開一扇近距離觀察宋人生活的窗口，從而領略蘊藏在歷史與傳統中的日常之美，學會感受過小日子的美好。

輯一

日常的風韻

一千年前的宋朝人過著富有現代氣息的生活。他們跟我們一樣，經常洗澡，每天早上用牙刷刷牙、甚至會用牙膏，也會養寵物或跟朋友聊「十二星座」，有時懶得做飯還會叫外送……除了沒有高科技產品之外，宋人的生活習慣與我們沒什麼兩樣。

宋人的早晨，從刷牙開始

假如你是一個尋常的南宋市民，居住在都城臨安（今杭州）的寓所裡。此時正是暮春時節，昨晚滴滴答答下了一夜的小雨，不過睡夢中的你並不知曉。清晨時分，你才被響亮的報曉聲叫醒。報曉人以洪亮、悠揚的嗓音喊道：「天有小雨——。」

這報曉之人，是臨安各寺廟的行者、頭陀。每日清晨，天未大亮，臨安諸山寺便開始鳴鐘，宣布新的一天開始；各個庵舍寺院的行者、頭陀，也敲著鐵板或木魚，沿街報曉，提醒市民們：天亮了，可以起床了。

報曉人在報曉的同時，還會報天氣。若是陰天，報曉人會喊「天色陰晦——」，若是晴天，報曉人則喊「天色晴明——」、「早些起身上班——」。

這可不是我的虛構，南宋筆記《夢粱錄》即有記載：「每日交四更，諸山寺觀已鳴鐘，庵舍行者頭陀，打鐵板兒或木魚兒沿街報曉，各分地方。若晴則曰『天色晴明』，或報『大參』，或報『四參』，或報『常朝』，或言『後殿坐』；陰則曰『天色陰晦』；雨則言『雨』。」所謂「大參」、「四參」、「常朝」與「後殿坐」，是指不同層級的京官要參加的不同朝會，報曉人是在提醒散居城內諸坊的士大夫、公人：今早天色晴明，是「大參」或「常朝」的日子，該起床準備啦——如此，在宋朝，人們不用起身出門，便能知道今天的天氣如何。

在報曉聲中，你從睡夢中醒來。我們現代人每日早晨起床，第一件事就是刷牙洗臉，那麼宋朝人也要刷牙嗎？首先得看看牙刷究竟是什麼時候發明的。網路上有兩種說法流傳頗廣：一說牙刷是一四九八年由明朝皇帝發明的，也有人說牙刷是一七八〇年一個叫威廉·艾利斯的英國皮匠在倫敦監獄裡發明的。不過在我看來，這兩種說法都不可信，因為從文獻記載來看，至遲在宋代，臨安等大城市的市民就已經在用牙刷了，哪還需要等到明朝。

《夢粱錄》中收錄了一個「諸色雜貨」名單，列出臨安商鋪銷售的各類商品，其中就有「木梳、篦子、刷子、刷牙子……」，這裡的「刷牙子」便是牙刷。《夢粱錄》還收錄了一個「鋪席」名單，即臨安的名牌商店，其中「凌家刷牙鋪」和「傅官人刷牙鋪」兩家，都是專營牙刷的名店。我們不妨想像一下，這兩家牙刷店會怎麼招攬顧客——

凌家刷牙鋪：「走過路過，不要錯過。進來瞧一瞧、看一看，凌家刷牙鋪，刷牙子買三送一！」

傅官人刷牙鋪：「只選對的，不選貴的，牙刷就選傅官人刷牙鋪！」

牙刷既然是市場上銷售、花點錢便可以買到的商品，那它當然是南宋人家常見的日用品。

南宋的醫書也多次提到刷牙。有的醫書說「每日清晨以牙刷刷牙，皂角濃汁揩牙，旬日數更，無一切齒疾」（《嚴氏濟生方》），有的醫書卻說「早起不可用刷牙子，恐根浮兼牙疏易搖，久之患牙痛。蓋刷牙子皆是馬尾為之，極有所損」（《瑣碎錄》）。由此可知，至少有一部分宋朝人已經養成了每天早晨刷牙的習慣，不過有的醫生不贊成使用馬尾毛做的牙刷，因為馬尾毛比較硬，容易損傷牙齒。還有的醫書提倡小朋友應經常刷牙，因為小朋友貪吃酸甘、肥膩之類的食物，食物殘渣往往會塞在牙縫裡，如果久不刷牙，牙齦就容易發炎，牙齒也容易壞掉。

宋朝人使用的牙刷是什麼樣的？其實和我們現在使用的牙刷沒什麼區別，只是刷柄是虎骨、象牙、牛角或竹木製成的，刷毛則是豬鬃、馬鬃或馬尾毛。如今在一些博物館還可以看到出土的宋代骨製牙刷柄。

那麼，宋朝一把普通的牙刷賣多少錢呢？恰好元朝有一本高麗人編寫的漢語教材，叫作《朴通事諺解》，介紹如何用漢語與中國商販打交道，其中便有關於買賣牙刷的討價還價。

顧客：「賣刷子的請過來，這帽刷、鞋刷各一個，牙刷兩個，掠頭（梳子）兩個，怎麼賣？」

商販：「我與你說個實價，拿二百銅錢來，我再送你一個牙刷、一個掠頭，拿去使用。咦，你身上沒帶袋子，這麼多東西，你可不要掉了。」

顧客：「不礙事，我放在靴靿裡，揣回去。」

聽了這商販與顧客的對話，我們可以知道，元代時，一把帽刷、一把鞋刷，加上三支牙刷、三把梳子，總共要價兩百文錢。如果忽略商品的價差，牙刷的單價大約二十五文錢。宋、元相隔不遠，商品價格差不多。一個宋朝下層市民的日收入大約是一百至三百文錢，一支牙刷頂多是他日收入的四分之一，不算特別貴，一般市民應該買得起。

總之，宋朝人的早晨是從刷牙開始的，他們不只每日刷牙，還像我們一樣用牙刷，可別以為古人只能用手指蘸著食鹽擦牙齒。

其實，宋朝人不但有牙刷用，還有牙膏、牙粉。宋代的一些官修醫書，如《聖濟總錄》、《太平聖惠方》等，都收錄有「揩齒」藥方，這些方子製作出來的成品為膏狀，就類似今天的牙膏。我從《太平聖惠方》中抄錄兩條牙膏方子，諸位若有興趣，不妨按方配製出來，試一試宋朝人使用的牙膏：「柳枝、槐枝、桑枝煎水熬膏，入薑汁、細辛、芎藭末，每用擦牙」；「鹽四兩，燒過；杏仁一兩，湯浸、去皮尖雙仁；右件藥都研成膏，每用揩齒甚佳」。

元代醫書《醫壘元戎》也記載一個從宋朝傳下來的「陳希夷神仙刷牙藥」方子，製作出來則是牙粉：用豬牙皂角、生薑、升麻、荷葉等藥材，加入青鹽燒煉，煉成後，研為細末備用。使用時，「蘸藥刷上下牙齒，溫水漱口，吐之」，使用方式跟我們今日刷牙差不多。

不過，宋朝的牙膏與牙粉是作為保健品、藥品出現的，並不是日用品，市場上似乎也未見到。到了清代，牙粉便是可以在市場上買到的商品了，因為清代一些小說都寫到「買牙粉」；其中最受市民歡迎的，是從西洋進口的牙粉，因為它們的品質很好，所以「家置戶有，人多好之」（〈上清帝第二書〉）——這話是康有為說的。

假如你是生活在都城的南宋市民，每天在報曉聲中醒來，取出一支用牛角與馬鬃毛做成的牙刷洗漱——想像一下，宋朝人和我們早上醒來的第一件事，都是用牙刷刷牙。從這點來看，是不是覺得我們和宋朝人有了更多相似之處呢？

想洗澡嗎？請來香水行

如果你行走在宋朝城市的街巷中，看到一間店鋪打出「香水行」的名號，門口又掛著一個水壺，可千萬別以為是賣巴黎香水的商店——其實那是一家公共澡堂。若有客人光顧，澡堂的夥計會熱情地上前打招呼——

澡堂夥計：「官人，您來了，這是給您的茶。」

客人：「謝謝。」

澡堂夥計：「您是第一次光顧我們香水行，今天要泡澡還是搓背？」

客人：「這裡有什麼服務啊？」

澡堂夥計：「我們是這條街上最大的一家，有搓背、梳頭、刮臉、修腳，您做完之後，還可以嘗嘗我們自家釀的酒，很舒適的。」

客人：「好，那就都試試吧。」
澡堂夥計：「好的，您裡面請！」

宋朝的公共澡堂服務很周到，有些澡堂前屋設了茶室，供人飲茶休息；有些澡堂可以讓男女僕人服侍入浴，從沐浴更衣到搓背，顧客都可以享受到服務；一些大型的公共澡堂設施更加齊全，不但有存放衣服、帽子、靴子的木櫃，還將整個澡堂分成幾個區塊：

從裡往外，最裡間是浴室，第二間是休息室，第三間是服務室。客人來洗澡，可以先到裡間浴池洗一下，再到第二間睡一覺，再去裡間洗一洗、搓一搓，然後到服務室梳頭、刮臉、修腳，穿好衣服、吃幾盞酒，整個人煥然一新——我想，今天SPA的服務，也不過如此吧。

注重個人衛生的宋朝人，洗澡很勤快。北宋時有一個叫蒲宗孟的士大夫，是蘇軾、王安石的朋友，他對個人清潔最為講究。蒲宗孟將日常洗漱分成六種。每天，他先是小洗面、大洗面各一次，小洗面只換一次水，大洗面要換三次水，清潔部位從臉部到肩頸；然後，小濯足、大濯足各一次，小濯足只換一次水，只洗腳踝，大濯足要換三次水，清潔部位從腳底到大腿；隔日一次小澡浴，再隔日一次大澡浴，小澡浴用浴湯三斛，大澡浴用浴湯五斛。這樣的洗法，就算是現代人，也會被說是有潔癖吧？

由於宋人愛清潔，一些不常洗澡的士大夫便成了另類，受到嘲笑。比如宋仁宗時期，有一個叫竇元賓的士大夫，出身名門，很有才華，但因不常洗澡，竟然被同僚起了綽號「竇臭」。

不只是他，王安石也以邋遢出名。據說，王安石一年只洗幾次澡。他臉色黯淡，家人都以為他得了病，催他趕緊看醫生——

家人：「相公，你臉色這麼差，快讓大夫瞧瞧。」

王安石說：「我好好的，哪有什麼病？」

但家人還是給他請了大夫，大夫一看，哈哈大笑：「王相公這不是病，是臉上有汙垢，沒洗掉。」送了王安石一塊肥皂，讓他經常洗臉。

王安石還嘟囔：「我跟包公一樣，天生臉黑，送我肥皂又有何用？」

這段對話是我演繹的，不過故事卻是有來歷的，記載於沈括的《夢溪筆談》中：「公（指王安石）面黧黑，門人憂之，以問醫。醫曰：『此垢汙，非疾也。』進澡豆令公頮面。公曰：『天生黑於予，澡豆其如予何！』」

另一本宋人筆記《石林燕語》中也有記載：王安石的兩位密友吳充、韓維，都受不了王安石的邋遢，便與他約好，每月一起到公共澡堂泡澡一次。王安石不想去，兩人就硬拉著他去，還將這個洗澡活動戲稱為「折洗」王介甫（王安石字）。

我想，宋朝澡堂裡的搓背工，大概不太歡迎王安石，因為王安石一個月才來洗一次澡，身上的汙垢想必多得可以種菜。不過他們應該很歡迎王安石的朋友蘇軾，因為蘇軾注重衛生，在家裡經常洗澡；有時候家中沒有熱水，蘇軾也會用「乾浴」的方式淨身，也就是按摩。

蘇軾也喜歡到澡堂泡澡，讓搓背工服務。有一次，蘇軾在搓澡後，寫了一闋詼諧的〈如夢令〉：「水垢何曾相受？細看兩俱無有。寄語揩背人，盡日勞君揮肘。輕手，輕手，居士本來無垢。」叫搓背工下手輕點，我身上沒什麼汙垢可搓。

我們不妨想像一下：假如蘇軾與王安石相約泡澡，他們的對話可能是這樣的——

蘇軾：「王相公，您又晒黑了？」
王安石：「天生的，天生的。」
蘇軾：「相公身上這泥巴，可以搓成定心丸了。」
王安石：「蘇學士這身皮，天天泡，快泡爛了。」

有意思的是，王安石的夫人吳氏卻是一個很愛乾淨的女子，新做的衣服被貓睡過，就扔在浴室不穿了。真不知這對夫婦平日如何相處。

因為多數宋人都愛洗澡，所以政府機關、學校、寺院都設有浴室，大戶人家、官宦之家也建有家庭浴室，因此王安石的家中，顯然也是有浴室的。一般市民家庭即便沒有條件修建，也得備有浴桶，市井中更有大量商業公共澡堂。北宋東京就有一條街巷，由於公共澡堂很多，被市民稱為「澡堂巷」。

馬可．波羅遊歷杭州，看到的杭州城，繁華而乾淨，「城內大街用石頭和磚塊鋪砌，每邊十步寬，中間鋪著沙子，並建有拱形的陰溝，以便將雨水泄入鄰近的運河之中，所以街道保持得十分乾淨」；街邊的商店，「經營各種商品，出售各種貨物，香料、藥材、小裝飾品和珍珠等應有盡有」，同時「街道上有許多浴室」（《馬可．

波羅遊記》）。

馬可．波羅用誇張的語氣說：這些公共澡堂（浴室）多達三千所，大型的足以容納百餘人同浴。澡堂同時供應冷水與溫水，杭州本地人習慣洗冷水，溫水則「專供那些不習慣用冷水的客人使用。所有人都習慣每日沐浴一次，特別是在吃飯之前」（《馬可．波羅遊記》）。馬可．波羅在元代來到中國，但他在杭州看到的風俗，顯然是從南宋流傳下來的。

馬可．波羅對杭州人勤快的沐浴習慣和城內公共澡堂的數量之多感到有些奇怪，因為在中世紀，歐洲人幾乎從不洗澡，但對於愛乾淨、懂享受的宋朝人來說，沐浴卻是他們日常生活的一部分。也因此，宋朝的公共澡堂才會發展成生意興旺的行業。

宋朝許多行業都有別稱和自己專屬的標誌，公共澡堂的別稱即為「香水行」，標誌就是大門口掛上的那個水壺。那麼，到宋朝的「香水行」消費一次，通常要花多少錢呢？如果僅僅是泡澡、搓背，也就幾文錢，相當於吃一頓速食的價格。前文提過，宋朝城市下層市民的日收入大約是一百至三百文錢，掏出幾文錢洗個澡，還是不成問題的。

如果不只洗澡、搓背，還要梳頭、刮臉、修腳呢？你可以這樣跟澡堂掌櫃說：「我是新來的莊稼人，不曉得洗一次澡要多少湯（熱水）錢？」掌櫃會告訴你：「我說與你聽：湯錢五個錢，撓背兩個錢，梳頭五個錢，剃頭兩個錢，修腳五個錢，全做時只使得十九個錢。」只要十九文錢，便可在澡堂享受，還有免費茶水。這個澡堂服務價格也是記錄在高麗人編寫的《朴通事諺解》中，元朝與宋朝時隔不遠，物價應該是差不多的。

宋朝人不但熱愛洗澡，也跟今人一樣使用肥皂。「肥皂」一詞，並不是現代產物，而是宋朝人就在使用的「老詞」，是一種以豬胰、皂角豆為原料製成的清潔用品。中國人很早就發現皂角豆具有去汙的功效，將其用於洗滌，稱為澡豆。前述的王安石故事中，醫生開給王安石的「美白」藥方就是澡豆。

宋朝的市場上還有香皂售賣，叫作「肥皂團」，與一般肥皂的區別在於添加了香料與藥材。宋人的醫書記載了很多「肥皂方」，我們今天完全可以依照方子，製造出一塊宋朝的香皂。我且由《仁齋直指》抄錄一個，供有興趣的朋友參考：「白芷、白附子、白殭蠶、白芨、豬牙皂角、白蒺藜、白蔹、草烏、山楂、甘松、白丁香、大黃、藁本、鶴白、杏仁、豆粉各一兩，豬脂（去膜）三兩，輕粉、密陀僧、樟腦各半兩，孩兒茶三錢，肥皂（指皂角）去裡外皮筋併子，只要淨肉一茶盞。」製作方法是：將「淨肥皂肉搗爛，用雞清和，晒去氣息。將各藥為末，同肥皂、豬脂、雞清和為丸。」

書上說，常用此方，可以「令人面色好」。要不要試試？

歡迎光臨家事服務中心

昨夜雨疏風驟，濃睡不消殘酒。試問捲簾人，卻道海棠依舊。知否，知否？應是綠肥紅瘦。

這是南宋女詞人李清照的〈如夢令〉。如果你是李清照，遇到雨疏風驟的天氣，你要做的第一件事是什麼？

當然是趕緊去請一個園丁，因為昨夜的風雨，將花園裡的花都打落了，一地狼藉，需要園丁打掃落花，修剪花樹木。在宋朝，請園丁等家事服務人員並非難事，每天早晨，大城市的橋市、街巷口都會聚集一群「修整屋宇、泥補牆壁」（《東京夢華錄》）的木竹匠人，供有需要的市民叫喚、僱傭。

如果你對這些打零工的木竹匠人不大放心，你也可以請「行老」介紹一名可靠的園丁。「行老」就是宋朝的家事服務仲介，宋朝城市中有一類茶坊，是「行老」聚集的場所。你一踏入茶坊，「行老」便會迎上來，向你問候：「這位娘子，是否要請女使、人力？」所謂「女使」、「人力」，是宋人對女性、男性傭人的稱呼。

你：「昨夜那風雨大的，園子亂了，想請一名園丁幫忙修整。」

行老：「這個容易。今日正好有一位從皇家玉津園出來的，手藝很不錯，我請他到您府上。」

你：「那就拜託劉行老了。」

請了園丁，整修花園的事就解決了。

再假設你是宋朝人，妻子剛生了小孩，卻奶水不足，如何是好？別擔心，你可以找「牙嫂」，請她們介紹一位正處於哺乳期的奶媽。「牙嫂」就是宋朝的女性家事服務仲介。一般來說，請女傭找「牙嫂」，請男傭則找「行老」。

不只奶媽、園丁，要僱請郎中、腳夫、雜役、廚子、廚娘、裁縫、婢女、歌伎，都可以找「行老」或者「牙嫂」介紹。他們手上有大量的人力資源，找人又快又準，更重要的是，他們還提供擔保，倘若你請的人偷了東西、逃跑了，與你簽約的家事服務仲介要負責幫你找回來。

這可不是我虛構，《夢粱錄》中有詳細記述：「凡顧倩（僱請）人力及幹當人」，比如「大夫、書表、司廳子、虞候、押番、門子、直頭、轎番小廝兒、廚子、火頭、直香燈道人、園丁等人」，「俱各有行老引領」；「府宅官員、豪富人家欲買寵妾、歌童、舞女、廚娘、針線供過、粗細婢妮，亦有官私牙嫂，及引置等人，但指揮便行踏逐下來」。倘若有受僱者逃跑、竊盜，則有「原地腳保識人前去跟尋」。

更值得驚嘆的還在後頭。對於生活在城市的宋朝人家來說，不僅僱請家務人員十分容易，就連租借家庭用品也很方便。比如你太太生了孩子，親戚朋友來祝賀，你要請他們在家吃頓飯，想用名貴的餐具招待，家裡卻沒有，怎麼辦？

在宋朝，很多不常用但偶爾又必須用的用品，都可以租。比如新娘子出嫁坐的花轎、結婚禮服、接待貴賓的金銀酒器、排辦宴席的桌椅陳設、出席隆重交際場合的貴重首飾等等，都可以租賃。用宋朝人的話來說，「凡合用之物，一切賃至，不勞餘力。」（《武林舊事》）

又比如，你家小孩滿月了，你想擺滿月酒大宴賓客，你會怎麼安排這場宴會呢？請客人上酒樓？宋朝不流行這個。在家設宴？會不會太麻煩？不會，因為你可以將操辦家宴的大小事務，交給專業的「家宴服務公司」。

宋朝的「家宴服務公司」叫作「四司六局」，「四司」指帳設司、廚司、茶酒司、臺盤司，「六局」指果子局、蜜煎局、菜蔬局、油燭局、香藥局、排辦局。它們的具體分工如下：

帳設司，主要負責宴會場所的整體布置，根據宴席的性質、場地、赴宴人數不同，桌椅、屏風、簾幕，裝飾用的書畫、繡額等物，如何配置擺放，都有講究。

廚司，負責做菜。

茶酒司，負責備茶備酒，以及書寫請帖、招呼賓客、迎來送往。如果你家辦的是婚宴，茶酒司還要幫你送聘禮、主持成親儀式、迎送姻親。

臺盤司，負責準備宴席使用的一切碗盤器皿，以及端菜、勸酒，因故未能赴宴的親友，也由臺盤司送去酒菜。

果子局，專掌宴席的水果。

蜜煎局，專掌宴席的蜜餞、點心、鹹酸下酒之食。

菜蔬局，專掌宴席的蔬菜。

油燭局，專掌燈火照明、炭火供暖，宴會所用的燈油、燈檯、蠟燭、燭檯、燈籠、木炭等，皆由油燭局提供。

香藥局，專掌宴席上的焚香、醒酒湯藥之類，所用香料、火箱、香爐等用品，也由香藥局提供。

排辦局，專掌掃灑、拭抹、插花等清潔、衛生方面事務，並提供宴席用的桌子、椅子、凳子。

你看，「四司六局」提供的服務多麼體貼、周到！一場宴會辦下來，有禮有節，有條有理，氣派大方，廳館整肅，賓至如歸，而主人家不費半點力氣，只需掏一點錢。所以宋人說：「官府貴家置四司六局，各有所掌，故筵席排當，凡事整齊，都下街市亦有之。常時人戶，每遇禮席，以錢倩之，皆可辦也。」（《都城紀勝》）

回到幫小孩辦滿月酒的問題，你有什麼理由不請「四司六局」呢？且讓我們「腦補」一下「四司六局」與客人談生意的情景：

四司六局：「您家計畫擺多少酒席？」

客人：「大約……二十席吧，多一個少一個的，有多少人，我也不確定。」

四司六局：「這個好說，我在廚房裡給您多備一桌的菜，送您的，不收錢。」

客人：「這樣好！不過，我的宴席可是要氣派！城裡的達官貴人都要來的。」

四司六局：「這個容易。待會兒，我們讓帳設司過去看看場地，商量一下怎麼布置最氣派。廚司也會給您列一份菜單，請您過目。」

客人：「那我需要準備什麼嗎？」

四司六局：「不用，宴席的一切用品，桌椅、金銀器具、燈燭、木炭、屏風、名人書畫，我們都會送過去。」

客人：「怎麼收費啊？」

四司六局：「您放心，我們四司六局秉著公道做生意，不會多收您一文錢。」

他沒有騙人，因為《東京夢華錄》記載：四司六局「承攬排備，自有則例，亦不敢過越取錢」。意思是說，排辦宴席的服務業已經形成了行規，「四司六局」可不敢亂收費。因此，負擔得起價格的宋朝人家，家裡若是要辦宴席，都很樂意請「四司六局」承辦。

南宋之後，「四司六局」的服務機構便沒落了；到明朝時，人們只聽說昔日有

「四司六局」，卻說不清楚「四司」是哪四司，「六局」又是哪六局。不過在臨安人的日常用語中，還保留著「四司六局」的說法，意思是「圖個方便」。

讓我總結一句吧：宋朝發達的家事服務業，讓普通百姓得以通過提供服務獲得溫飽，同時，又讓請得起的大戶人家過得舒適悠閒，碰到「雨疏風驟」的天氣，才可以閒閒地「試問捲簾人」。

宋人原來愛「吸貓」

繼續假設你是一個尋常的宋朝人。清晨，你在悠揚的報曉聲中醒來，慵懶地起身，刷牙、洗臉，吃過早餐，外面雖然有點寒冷，但地爐的柴火燒得正旺，身上的氈子也很保暖。你本想出門會友，或是到瓦舍勾欄聽曲，窗外卻下起大雨，你有點懶了，決定不出門，就留在家中逗貓。你還提筆寫了一首詩，抒發心情：「風卷江湖雨暗村，四山聲作海濤翻。溪柴火軟蠻氈暖，我與狸奴不出門。」

且慢——這首詩其實並不是你寫的，而是南宋大詩人陸游的手筆，詩名叫〈十一月四日風雨大作〉，寫於紹熙三年（一一九二）。十一月四日這一天，風雨大作，陸游寫了兩首同題詩，另一首是：「僵臥孤村不自哀，尚思為國戍輪臺。夜闌臥聽風吹雨，鐵馬冰河入夢來。」在這風雨聲中，陸游最掛念的是國家安危，而給他慰藉的，是身邊的一隻小貓。詩中的狸奴，就是宋朝人對貓的暱稱。

陸游是一位愛貓的詩人，寫了好幾首詩送給他養的貓。我們先來讀一首〈贈貓〉詩：「裹鹽迎得小狸奴，盡護山房萬卷書。慚愧家貧策勳薄，寒無氈坐食無魚。」陸游說，家裡貧窮，沒辦法每天幫狸奴買貓糧，我感到很愧疚。還有一首〈贈粉鼻〉，也是陸游寫給小貓的詩：「連夕狸奴磔鼠頻，怒髯噀血護殘囷。問渠何似朱門裡，日飽魚飧睡錦茵？」「粉鼻」是陸游為貓取的名字，這隻「粉鼻」連日徹夜捕捉老鼠，陸游感嘆牠不能像富貴人家的貓兒那樣飽食終日、無所事事。

陸游喜歡幫他養的貓取名，除了「粉鼻」，還有「雪兒」、「小於菟」等等。「雪兒」應該是一隻渾身雪白的小母貓，「小於菟」則是小老虎的意思，或許是因為牠比較活潑敏捷，虎虎生威。

替貓取名、寫詩，陸游對貓顯然十分喜愛。其實，在宋朝，不只陸游樂於當一名「鏟屎官」，很多文人、市民都愛貓，甚至喜歡「吸貓」，也就是用臉蹭貓咪的身體、用鼻子聞貓咪身上的氣味等。

人類馴化貓的歷史起碼有五、六千年，早在石器時代，貓便與人類相伴。中國人養貓的歷史也很長，先秦的《禮記》中便記載了一種「迎貓」的禮儀。不過，在很長一段時間裡，古人養貓只是為了讓貓捉老鼠，減少鼠患；到了宋代，許多士大夫與市民家庭養貓，才不再只是為了捕鼠，而是將貓當成寵物。蘇軾就將宋朝人養的貓分為兩類：「捕鼠之貓」和「不捕之貓」，「不捕之貓」就是不會捉老鼠的寵物貓。我想，這或許是物質發達、文明發展到更高階段時才會出現的現象，因為只有在衣食無憂的情況下，才會養一隻「無用」的貓，將牠當作家中成員，幫它取名字、為牠買貓糧。

宋朝最名貴、最受人喜愛的寵物貓，大概是「獅貓」。《夢粱錄》載：「貓，都人畜之捕鼠。有長毛，白黃色者稱曰『獅貓』，不能捕鼠，以為美觀，多府第貴官諸司人畜之，特見貴愛。」長得漂亮但不會捕鼠的獅貓，卻備受寵愛，不是寵物貓是什麼？

陸游講過一個關於獅貓的小故事：

南宋大奸臣秦檜的孫女養了一隻獅貓，對牠十分寵愛，不料某日，這隻獅貓走失了，秦家急得不行，驚動了臨安府。知府跟秦檜說：「秦相公，我已派人在茶坊、酒肆貼出尋貓啟事，請相公放心。」但貓一直沒有找到，於是知府又讓官兵將城中百姓家的獅貓悉數捉來，結果帶回一百多隻，可惜沒有一隻是秦家的。

秦家丟了一隻貓，竟然出動臨安府協尋，固然可以看出秦家勢焰熏天，但一下子就找到百餘隻獅貓，倒也說明在南宋臨安城，養寵物貓的市民著實不少。

至於宋朝的「獅貓」到底是什麼品種的貓？獅貓，又叫「獅子貓」，顧名思義，是長得像獅子的長毛貓。據文獻記述，獅子貓「自番來者，有金眼、銀眼，有一金一銀者」；「身大長毛，蓬尾」（《貓乘》）。看來應該是今天常見的波斯貓。

宋朝最常見的貓是花狸，即狸花貓。花狸善捕鼠，但宋人也多將花狸當寵物養。宋人畫有一幅〈富貴花狸圖〉，現藏於臺北故宮博物院，畫的是幾株牡丹花下，一隻黑白毛色的狸花貓伏在地上，頭微微昂起，雙眼盯著前方牡丹花，似乎正準備捕捉花間的蟲子。這種毛色的花狸，「身背黑，而肚腿蹄爪皆白」（《相貓經》），有個名目，叫「烏雲蓋雪」，相當名貴。值得注意的是，〈富貴花狸圖〉中這隻花狸，脖子上繫著一根長繩，還打著蝴蝶結，這說明什麼？說明主人愛惜牠，將牠當寵物養，並不需要牠捕老鼠。

從宋朝詩人的詩歌中，我們也可以找到寵物貓的身影。一個叫李璜的宋人寫了一首〈以二貓送張子賢〉：「銜蟬毛色白勝酥，搦絮堆綿亦不如。老病毗耶須減口，從今休嘆食無魚。」詩中的「銜蟬」，跟「狸奴」一樣，也是宋朝人對貓的暱稱。李璜將家中兩隻白色的小貓送給友人張子賢，並告訴他：你自己要節省點糧食，且不要忘記給貓買貓糧。

還有一個叫胡仲弓的南宋人，也寫了一首〈睡貓〉詩：「瓶呂門粟鼠竊盡，床上狸奴睡不知。無奈家人猶愛護，買魚和飯養如兒。」詩中的睡貓，成天呼呼大睡，也不去捉老鼠，無奈家人疼愛，還是天天幫牠買貓糧，養貓如養兒。今天不少人都將貓視為「毛小孩」，看來這種事在宋朝時就已出現了。

由於養寵物貓的人家很多，宋代城市中不但出現了專門的寵物市場，還有專賣貓糧、狗糧的商店。如果你到南宋臨安的寵物市場走一走，賣寵物與寵物用品的商販會盛情向你介紹：

「客官，要看看貓兒嗎？」

「客官，小店有新鮮的貓魚。」

「客官，小店有新款的貓窩。」

「客官，要改貓犬嗎？」

貓兒，就是小奶貓；貓魚，是給貓吃的貓糧；貓窩，則是給貓睡覺的小窩。至於「改貓犬」，有宋史研究者認為，這很可能是為寵物貓狗做美容的服務，比如生活在南宋廣州的阿拉伯女子，平日閒著的時候，會用鳳仙花的汁液幫貓狗染色。

宋朝人「吸貓」的生活習慣，與我們現代人實在沒什麼區別呢！所以，如果你生活在宋朝，遇上下雨天，你跟朋友說，今天，「我與狸奴不出門」，不會有人嘲笑你的。

宋人也聊十二星座

讓我們想像一個場景：假如我們邀請唐朝的韓愈、北宋的蘇軾、南宋的周必大與文天祥，開一場討論十二星座的小沙龍，你猜這幾位唐宋「大咖」會怎麼說？

韓愈首先嘆了一口氣，說道：「唉，我的命不好。月亮星座是摩羯，註定是命運多舛，顛簸一生。」

蘇軾立即附和：「韓老師，咱們真是同病相憐。我的太陽星座也是摩羯，難怪這一生會遭受那麼多誹謗。」蘇軾笑了一下，接著說：「我的朋友馬夢得，與我同年同月出生，差我八天，命格比我還差。我們這一年出生的人，沒有一個富貴的。不過，我終究比他好一點，哈哈。」馬夢得正好在一旁，聽了長嘆一聲，沒有說話。

周必大向韓愈、蘇軾行了個禮，說：「下官名望不敢攀比兩位前輩，但聽了兩位一席話，也是心有戚戚焉，我的月亮星座與韓公一樣，也是摩羯，恐怕這一生宜退不宜進。」

這時，一直沉默不語的文天祥突然說：「各位也不必過於怨天尤人。下官也是摩羯男，不過未來如何，我不想妄自猜度。但盡人事，不問天意。」

這個場景當然是我虛構的，不過，韓愈、蘇軾、周必大、文天祥等人說的話，卻不是我捏造的，都是根據他們的原話翻譯來的。他們對摩羯座的抱怨，也確有其事，比如蘇軾在《東坡志林》中記道：「退之（即韓愈）詩云：『我生之辰，月宿南斗。』乃知退之磨蝎（摩羯）為身宮（按宋人的說法，出生時，月亮所在的星座叫『身宮』，太陽所在的星座叫『命宮』），而僕（我）乃以磨蝎為命，平生多得謗譽，殆是同病也！」「馬夢得與僕同歲月生，少僕八日，是歲生者，無富貴人，而僕與夢得為窮之冠；即吾二人而觀之，當推夢得為首。」當然，這類占星之說，不可盡信，姑妄聽之。

那蘇軾真的是摩羯座嗎？他出生於北宋景祐三年十二月十九日，用萬年曆回溯可以知道，他的陽曆生日是西元一〇三七年一月八日，當日太陽恰好落在摩羯座，確實是一位摩羯男。

聽到這裡，你可能會感到困惑：十二星座不是近代才從西洋傳進來的玩意嗎？怎麼宋朝人也知道摩羯呢？

其實，十二星座早在隋朝就已傳入中國，只不過當時它們的名字叫「黃道十二宮」。事實上，十二星座也不是西方文化的產物：古巴比倫的天文學家將地球圍繞太陽公轉的軌道分成十二個星宮，這便是黃道十二宮。之後，十二星宮傳入古希臘，又隨著亞歷山大大帝東征傳入古印度，被吸納進印度佛經中；大約在隋朝初期，又隨佛經從印度傳到了中國。不過，隋朝時的十二星宮，名稱與現在的十二星座略有差異。比如今天的白羊座，隋朝人寫成「特（雄性）羊」，金牛座寫成「特牛」，雙子座寫成「雙鳥」，處女座寫成「天女」，天秤座寫成「秤量」，水瓶座寫成「水器」，雙魚座寫成「天魚」，摩羯座寫成「磨竭」（「摩羯」二字本為音譯）。

到宋朝時，十二星宮的名稱已經與今天的十二星座相差無幾，寶瓶、雙魚、白羊、金牛、巨蟹、獅子、天秤、天蠍、摩羯等名字都出現了，只有雙子座叫「陰陽」，處女座叫「雙女」，射手座叫「人馬」（今人亦有如此稱呼）。

而且，十二星宮在宋朝社會流傳極廣：軍事學家談星座，因為他們認為參考星座更容易打勝仗；地理學家談星座，因為宋人將十二星宮與中國傳統十二州相搭配，每一州對應一個星座；醫生談星座，因為古人將十二星宮分配給十二經脈，如白羊座代表膀胱經；美食家談星座，因為十二星座中有宋朝人最愛吃的巨「蟹」；算命先生更是免不了要談星座，因為宋朝流行的占星術就必須用到十二星宮。

因此，我們可以想像一群宋朝軍事愛好者坐在一起討論問題的情形：

一人問：「行軍打仗，要不要看黃道吉日？」

一人說：「要的。還要看星座。」

前一人又問：「星座怎麼看？」

後一人回答：「比如，春分後三日，太陽入白羊宮；夏至後六日，太陽入巨蟹宮；秋分後八日，太陽入天秤宮；冬至後四日，太陽入摩羯宮。太陽入不同星宮，運程各不相同。」

總而言之，十二星座的話題並不特別洋氣、現代，千年之前的蘇軾、文天祥等宋朝人與朋友喝茶聊天時，討論的話題中就有十二星座了。

自己做飯，還是叫外送？

逗逗貓、聊聊十二星座，很快，半天時光就消磨過去，快到吃午餐的時間了。我先問諸位一個問題：宋朝人吃午餐嗎？一些朋友可能不知道，宋朝之前，一日三餐的生活習慣尚未形成，大多數的平民百姓只吃早、晚兩餐，只有貴族、皇族才可以一天吃三頓、甚至四頓飯。到了宋朝，隨著農業生產的進步、夜生活的出現，平民才逐漸形成了一日三餐的習慣。

從宋朝詩歌可以發現，「中餐」、「午飯」、「一日三餐」之類的詞語多了起來，陸游便寫過好幾首題目叫〈午飯〉、〈午炊〉的詩。其中一首〈午炊〉詩寫道：「山際牛羊路，林間雞犬聲。午炊聊小憩，野老解逢迎。」意思是：走在鄉間小路上，暮歸的老牛是我的同伴，吃過午飯後，休息一下，與鄉親們聊聊天。而在宋朝之前，有沒有詩人寫「午飯」詩？似乎沒有。

所以，如果你生活在宋朝，快到中午的時候，就應該準備午餐了。若是你家中僱有廚子、傭人，當然不需要你親自下廚，傭人自會做好飯菜。不過我想再問一個問題：北宋東京市民每日做菜，用的燃料是什麼？一些朋友可能會說：古代沒有瓦斯爐、電磁爐、微波爐，自然是燒柴燒炭。這話說得沒錯，但也不全對。宋朝京城人平日做飯、供暖，的確用木柴、木炭，張擇端的〈清明上河圖〉右邊起首處，就畫了兩個腳夫，正趕著五匹馱炭的毛驢，前往城裡送炭。

不過，到了北宋後期，京城人用得最多的燃料不是柴、炭，而是「石炭」，也就是煤。南宋初，莊綽在《雞肋編》回憶說：「昔汴都數百萬家，盡仰石炭，無一家燃薪者。」意思是說，當年東京開封府百萬人家，都用煤燒火，沒有一家是燒柴的。莊綽的話說得有些誇大，但若說北宋東京多數人家都是燒煤，卻是事實。

所以，假如做午飯時，你家的柴炭剛好快用完了，你可以這麼吩咐傭人：「買五十斤木炭，再買一百斤石炭吧。」東京市民買煤炭，是很方便的：東京汴河邊，設有二十個官營的石炭場，城內還有專賣煤炭的「炭坊」、專賣煤團和煤球的「炭團店」；其中，「街東車家炭」、「州橋炭張家」是當時馳名東京城的木炭、石炭專賣店。

南宋臨安市場上也有煤製品，叫作「炭墼」。墼，指磚坯、土坯；炭墼，就是用煤粉做成的煤磚。南宋蘇州、湖州一帶有一首民諺說：「九九八十一，家家打炭墼。」意思是說，數九天過後，天氣乍暖還寒，家家戶戶仍需要儲存燃料禦寒。南宋末，一位詩人在〈湖州歌〉中寫道：「雪子飛飛塞面寒，地爐石炭共團欒。」說的是冬天時候，大雪紛飛，人們用地爐燒煤取暖。這些民諺與詩歌告訴我們：南宋的江南人家，也有燒煤的，只不過煤的供應不如北宋東京那麼充足，因為中國的煤礦主要分布在北方。

總之，不管你是北宋人還是南宋人，做午飯時都可以燒煤。當然，如果你覺得在家做飯太麻煩，又要買菜、又要買石炭、又要淘米洗菜，吃飽後還要洗碗筷，那麼，你也可以不做飯——我的意思不是叫你別吃午餐，而是建議你點外送。

宋朝也有外送服務嗎？有。在北宋東京或南宋臨安，五更初時（凌晨三點），市場上即開始有人點燈賣早餐；到晚上三更末（凌晨一點），還有賣消夜的。不論春夏秋冬、從早到晚，你都可以叫外送。用宋朝人的話來說，「市食點心，四時皆有，任便索喚，不誤主顧」（《夢粱錄》）。

事實上，不管是北宋的東京市民，還是南宋的臨安市民，都不習慣在家做飯，而是喜歡去餐廳，或者叫外送。北宋人是這麼說的：東京「處處擁門，各有茶坊酒店、勾肆飲食。市井經紀之家，往往只於市店旋買飲食，不置家蔬」（《東京夢華錄》）；南宋人則說臨安「處處各有茶坊、酒肆、麵店、果子、彩帛、絨線、香燭、油醬、食米、下飯魚肉鯗臘等鋪。蓋經紀市井之家，往往多於店舍旋買見成飲食，此為快便耳」（《夢粱錄》）。

甚至就連皇帝也是如此。北宋東京皇城的東華門外，聚集著大量飲食店，專賣「時新花果、魚蝦鱉蟹、鶉兔脯臘」（《東京夢華錄》），專候皇室叫餐。南宋的高宗皇帝每遊幸西湖，御船後面總是尾隨不少賣美食的小舟，等待皇帝點餐叫外送；在西湖上賣魚羹的女商人宋五嫂，就因為「嘗經御賞，人所共趨，遂成富媼」（《武林舊事》）。南宋孝宗皇帝也喜歡點外送，每年元宵節，孝宗都要「看燈買市」（《癸辛雜識》），看燈是觀賞元宵花燈，買市就是叫外送；凡市價一貫錢的食物，也都「搞之二貫」（《癸辛雜識》），李婆婆魚羹、南瓦張家圓子，都是孝宗青睞的美食。

問題是，古代沒有電話、沒有網路、沒有手機APP，如何訂餐？很簡單，皇帝叫外送，有內侍可以使喚；京城的大戶人家、官宦之家，家中也有僕人，叫餐訂外送，自然是他們跑腿。

如果你一時找不到僕人，也可以找專職提供跑腿服務的人。《東京夢華錄》說，北宋東京市井中，「有百姓入酒肆，見子弟少年輩飲酒，近前小心供過，使令買物命妓（歌伎）、取送錢物之類，謂之『閒漢』」。南宋時，臨安也有從事這類職業的閒人，只不過他們被稱為「廝波」。《夢粱錄》載，這些閒人「專為探聽妓家（歌伎）賓客，趕趁唱喏，買物供過。……謂之『廝波』」。也就是說，閒漢、廝波的工作就是供客人隨時叫喚，幫客人跑腿，包括買餐送餐，從中獲取一點賞錢。張擇端〈清明上河圖〉中，城外一家酒樓門口，就有一個取了餐、正往誰家送去的年輕人。

所以，如果你要點外送，家中又沒有跑腿的僕人，不妨在門口叫個閒漢：

你：「大哥，幫我到寺橋金家飯店買一份紅絲水晶膾、一份煎肝、一份炒蛤蜊。」

閒漢：「您稍候片刻，馬上送到。」

你：「多謝大哥。這是菜錢一百文，還有賞錢十文。」

旅店、客店的店小二，也可以為住客提供跑腿服務。施耐庵《水滸傳》裡，有一個細節寫道：「青面獸」楊志來到東京城，尋了一個客店安歇下來，放下行李，解了腰刀、朴刀，掏出一點碎銀子，叫店小二去買些酒肉回來吃。

即便是一時找不到跑腿的，也有辦法叫餐，因為在都城，每到用餐時段，就有很多流動攤販沿門叫賣，有熬肉、炙鴨、熟羊、羊血、灌肺等熟食，「就門供賣，可以應倉卒之需」（《夢粱錄》）。你不想自己做飯，走到門口，招招手，便有流動攤販走過來：「小姐，可要炒肺、灌肺嗎？一份二十文。」你說：「來一份吧。」很快就有一份熱騰騰的美食送到你手上。

輯二

雅緻的風尚

宋朝是一個崇尚風雅的時代，我們不妨稱之「風雅宋」。今人四大雅事：焚香、點茶、掛畫、插花，即盛行於宋代的士大夫群體間；而且這種雅緻的生活並非不食人間煙火、排斥市井俗夫，恰恰相反，它還深入於宋朝百姓的日常生活中。

點茶：李清照是茶藝高手

假如我問你：李清照是什麼人？你一定會說，李清照是宋朝著名的女詞人，是婉約詞流派的代表人物。你說得沒錯，不過，李清照不只詞填得好，她還是一位古董收藏家與鑑賞家，甚至是一位茶藝高手。

北宋末年，李清照的丈夫趙明誠在京城太學讀書，每個月的初一與十五，趙明誠都要請假回家，拉著妻子李清照前往大相國寺趕集。每次逛大相國寺，趙明誠都很興奮：「娘子，你快來看，今天也好多人啊！」李清照取笑他：「來了來了。你看你，跑得滿頭大汗，又不是第一次來了，還這麼興奮啊？」

大相國寺是地處東京鬧市的寺廟，有東京最大的集市，每月五次開放給商家做生意。開市之日，商旅雲集，百貨俱全，非常熱鬧。

賣茶葉的商販一看到是李清照來了，頓時喜上眉梢，迎上來打招呼：

茶販：「小姐，您又來光顧了。小店新到幾塊北苑龍鳳團茶，從大內流出的貢茶，特意給您留著。」

李清照：「小龍團？這我可要嘗嘗。」

李清照愛喝小龍鳳團茶，那麼她的丈夫趙明誠呢？趙明誠熱愛收藏古玩、古籍、名家書畫，所以古玩商人忙著招呼他：

古玩商人：「趙官人，南唐徐熙的〈牡丹圖〉，您要不要瞧瞧？」

趙明誠：「徐熙的真跡？難得難得，敢問價錢如何？」

古玩商人：「趙官人是老主顧，我就說個實價，十貫錢。」

這幾段對話是我虛構的，不過趙明誠與李清照愛逛大相國寺卻是真的。許多年後，李清照在〈金石錄後序〉回憶說：趙明誠「在太學作學生……每朔望謁告出，質衣取半千錢，步入相國寺，市碑文果實歸，相對展玩咀嚼」。

夫妻倆在大相國寺一邊逛，一邊看，淘到寶貝便十分高興，趕緊帶回家細細賞玩。李清照講究情調，每次與丈夫一起鑑賞古籍、古董，她總是要先點兩盞茶，自己一盞、丈夫一盞，一邊品茶，一邊把玩。

熟悉李清照詩詞的朋友應該知道，她有好幾首詩詞都提到烹茶，比如〈滿庭芳〉詞「生香薰袖，活火分茶」，〈曉夢〉詩「嘲辭鬥詭辯，活火分新茶」。這個「活火分茶」，就是李清照的拿手好戲。

在解釋什麼是分茶之前，得先知道，李清照擅長的烹茶方式，與今天的飲茶方式有什麼不同？簡單來說，我們現在喝茶，都是將茶葉放入茶壺、沖入開水，用開水浸泡茶葉後，將茶水倒進茶杯。這個烹茶方式，叫作「泡茶」，是從元朝開始形成並流行起來的。

然而元朝之前，流行的烹茶方式並不是「泡茶」。唐朝人烹茶，習慣用一個小鼎燒水，在鼎裡直接放入茶葉，再加入食鹽、生薑、薄荷等調味品，煮熟後飲用，這叫作「煮茶」，跟現在煎中藥差不多。

到了宋代，煮茶不流行了，換成「點茶」。宋人點茶的流程非常複雜：宋代的茶葉一般做成餅狀存放，叫作「團茶」，有點像今天的普洱茶；烹茶時，將茶餅用茶槌搗成小塊，再用茶磨或茶碾研成粉末，最後用羅合篩過，使茶末粗細均勻。

研好茶末之後，便可以點茶了。先用茶釜將乾淨的水燒開，用小勺子將茶末舀入茶盞，每個茶盞放一勺，再注入少量開水，調成膏狀。然後，一邊沖入開水，一邊用「茶筅」擊拂茶湯，使水與茶末交融，並泛起泡沫，泡沫愈豐富，代表這盞茶點得愈成功。擊拂幾次，一盞清香四溢的「宋式熱茶」就出爐了。點好一盞茶，少說也得半個時辰，但宋人非常享受這個過程，將它當成一種雅趣。

而且，宋人點茶，對茶葉、水質、火候、茶具都非常講究。烹茶的水以山泉為上，井水勉強可用；茶葉以白茶為頂級；茶末研磨得愈細愈好，這樣點茶時才能充分發泡；火候也極重要，以水剛過二沸最為剛好；點出來的茶湯色澤要純白；盛茶的茶盞則以建盞為宜，因為建盞色黑，茶湯色白，黑白搭配，色調十分高雅。

當然，宋朝的普通家庭如果不那麼講究的話，也不用準備這麼多茶具，因為市場上有磨好的茶末出售，可以直接用於調膏、沖點，就如今天的即溶咖啡。但文人雅士享受研茶的過程，追求的是全套烹茶流程所代表的品質與格調。因此，家中茶槌、茶磨、茶碾之類的茶具是少不了的，就如今天追求生活情調的「小資族」，不喝即溶咖啡，而是在家中準備一整套器皿，自磨自煮。李清照無疑是文人雅士，茶藝又好，家中肯定備有一整套的點茶器具。

李清照的茶藝好在哪呢？她擅長「分茶」。分茶是一門高超的點茶技藝，宋代高明的茶藝師在點茶時，用茶筅擊拂茶湯，能夠利用茶末與沸水的反應，在茶盞中點出各種栩栩如生的圖案，比如花、鳥、竹、魚，甚至一幅山水畫，就像今日的咖啡拉花。

而每當趙明誠急著要喝茶時，李清照總是笑吟吟攔住他：「官人莫急。咱們行個茶令，再吃茶不遲。」茶令，就是吃茶時玩的小遊戲，贏者才可以喝茶。宋朝流行茶令，李清照與趙明誠品茶時也常玩。

有一次，一位朋友將一冊唐代白居易手寫的《楞嚴經》送給趙明誠。趙明誠人在外頭，得知消息後滿心歡喜，快馬加鞭往家裡趕。到家時，已經近三更（晚上十一點）了。

李清照迎上來：「官人，怎麼這麼急著回來？」

趙明誠：「我急著回來和娘子一道鑑賞這冊《楞嚴經》。你快來看。」

丈夫連夜歸來，李清照也很高興。她取出珍藏的小龍團貢茶，施展「活火分茶」之藝，點出兩盞好茶。趙明誠端過茶盞，就要喝茶。

李清照：「官人且慢。老規矩，行個茶令。」

趙明誠：「娘子這回要行什麼茶令？」

李清照：「還是老規矩。官人翻開這本《楞嚴經》，第八頁第三行寫的是哪一句話？誰答得出來，誰先吃茶。如何？」

趙明誠：「娘子又要考我了。我試試。」

上面的對話也是我虛構的，但我相信，這樣的對話一定真實地出現在李清照與趙明誠的日常生活中，因為李清照在〈金石錄後序〉中寫道：「余性偶強記，每飯罷，坐歸來堂烹茶，指堆積書史，言某事在某書、某卷、第幾葉（頁）、第幾行，以中否角勝負，為飲茶先後。中即舉杯大笑，至茶傾覆懷中，反不得飲而起」，就是在說二人經常玩的茶令，便是猜某件史事、某句話記錄在某本書的第幾卷、第幾頁、第幾行，猜中者為勝，可以先喝茶。李清照記憶力過人，幾乎每次都是她贏。所以，一聽李清照說出「老規矩」，趙明誠立即認輸：「娘子，你記憶力過人，我不如你。茶，娘子先吃。」李清照大笑舉盞，樂不可支，手中茶盞也不小心傾倒了，茶湯灑了一身。趙明誠一看，也哈哈大笑。

對李清照與趙明誠來說，與愛人一起品茶、行茶令，是他們一生中最難忘的美好記憶，許多年後，他們都在文章中回憶了一邊品茶、一邊賞玩古物的往事；而對宋朝人來說，花半個時辰點一盞茶，細細品嘗，也是人生的一大享受。

焚香：講的是清雅，而非名貴

不知道從什麼時候開始，香氛蠟燭逐漸成為生活過得有品質的一種象徵。其實這股風潮並非從歐洲興起的。那麼是哪裡呢？

對日本文化略有了解的朋友應該知道，日本有「三雅道」：茶道、花道、香道，而在宋朝，也流行「四般雅事」：點茶、插花、焚香、掛畫。這是巧合嗎？當然不是，日本的「三雅道」正是從宋朝傳過去的：插花變成花道、點茶成了茶道、焚香則轉化為香道。

宋人將焚香稱為「燒香」。今人所謂「燒香」，讓人想到「燒香拜佛」，但宋人的「燒香」與此無關，是一項與點茶、插花並列的文人雅事。文人在雅集、宴席、讀書、品茶時，常會燒一爐香，讓清雅的香味沁入心脾。所謂燒香其實也不是直接燃燒香料，而是用炭火炙烤；與其說是「燒香」，不如說是「烤香」。

那麼，燒香要如何進行呢？宋人習慣將沉香、檀香、龍涎香等香料搗成粉末，加入蜂蜜、果汁，調成一顆一顆如同藥丸的小香丸，風乾備用。這種調製出來的香品，宋朝人稱為「合香」。

焚香時，先在香爐裡裝入精製的炭灰，以專用的香箸撥開一個小洞，放入一塊燒紅的木炭，再蓋上一層炭灰，用香鏟將炭灰堆成小山模樣，再用香箸戳幾個通風用的小孔。然後，在炭灰上面放置一張銀片，銀片上再放小香丸，透過炭灰的熱量炙烤香料，從而散發出香味。這種焚香方式，宋人稱為「隔火熏香」，是宋朝最主流的焚香形式。而宋朝之後流行的焚香方式，是將香料製成線狀的香品，叫「線香」。焚香時直接點燃，透過燃燒來散發香味。

那麼，與直接點燃香料相比，宋朝式的「隔火熏香」有什麼優點？假如我們向宋朝人請教這個問題，宋朝人會告訴你：隔火熏香，可以避免煙霧繚繞的問題。想來，產生的「PM2.5」要比直接燃燒線香少得多，更加符合環保精神。南宋詩人楊萬里寫過一首〈燒香七言〉詩，詩中說：「詩人自炷古龍涎，但令有香不見煙」——有香不見煙，便是宋朝式焚香的特點。不只如此，宋朝人還會告訴你：隔火熏香散發出來的香味才不會太過濃烈。要知道，宋人焚香，追求的是淡雅清逸的芬芳氣息，香味太過濃烈，可就俗氣了。

焚香時，如果覺得香味太濃，代表炭火太熱，需要添加炭灰，隔絕炭火；反過來說，如果香味太淡，代表熱度不夠，可以將炭灰刮薄，提高溫度。也就是說，隔火熏香還有另一個優點：可以透過控制火力，來調節香味的濃淡。

話雖如此，隔火熏香也有缺點：操作過於麻煩，主持焚香者，必須具有品鑑香味濃淡是否適宜的能力，以及調控火候的技巧。相比之下，後世的焚香，將一根線香點燃就行，毫無難度可言。點茶也是如此，整個過程非常繁複，哪有今天的泡茶方便？但是，正因為焚香、點茶有技藝上的門檻，並非人人都能操作，才能夠形成一門高雅的藝術。

宋朝士大夫流行焚香，許多我們熟悉的名士，比如蘇軾、黃庭堅、李清照、陸游，不但喜歡燒香，甚至是製香高手。蘇軾擅長調製合香，其中有一款，炙烤時會散發出清新的梅花香，配方得自宋代名臣韓琦，因而取名「韓魏公濃梅香」。蘇軾的門生黃庭堅，更是製香的箇中好手，宋朝有四款有名的文人合香：意和香、意可香、深靜香、小宗香，合稱「黃太史四香」，就是出自黃庭堅之手。

有一次，黃庭堅與一位法號叫惠洪的僧人朋友在湖南潭州（今長沙）遊山玩水，恰好衡山花光寺的長老派人送來兩幅墨梅圖畫，惠洪與黃庭堅便一起在燈下欣賞。

黃庭堅：「惠洪兄，這真是好畫，好畫！可惜聞不到梅花之香。」

惠洪和尚：「要嗅梅香，又有何難。」

只見他從囊中取出一粒香丸，投入香爐內，不多時，便有梅花的暗香浮動。

黃庭堅：「惠洪兄，這是何香，這麼神奇？」

惠洪和尚：「這是傳說中的韓魏公濃梅香，蘇軾蘇大學士的獨門祕香。」

黃庭堅恍然大悟：「原來這就是韓魏公濃梅香？」

惠洪和尚笑：「蘇大學士知道你有香癖，卻不肯將此香的製法教給你，真不夠朋友啊。」

黃庭堅：「就是，下回見到蘇大學士定要討個說法。」

惠洪和尚：「此香之氣味，舉世無雙，只是『濃梅香』的名字，有些欠妥。」

黃庭堅大笑：「哈哈哈，我看不如改名『返魂梅』，要比原來的『濃梅香』高雅得多。」

惠洪和尚：「是啊，改天遇到蘇大學士要跟他說說，哈哈哈。」

這個有趣的小故事載於《陳氏香譜》收錄的黃庭堅自述中：「余與洪上座（惠洪）同宿潭（潭州）之碧湘門外舟中，衡岳花光仲仁寄墨梅二枝，扣船而至，聚觀於燈下。余曰：『只欠香耳。』洪笑，發谷董囊（收藏陳舊瑣碎之物的布袋），取一炷焚之，如嫩寒清曉，行孤山籬落間。怪而問其所得，云：『自東坡得於韓忠獻家，知余有香癖而不相授，豈小鞭其後之意乎。』洪駒父（黃庭堅外甥洪芻）集古今香方，自謂無以過此。以其名意未顯，易之為返魂梅。」

不過，千萬不要以為宋人配製合香，只能使用極其昂貴的沉香、龍涎香等香料，荔枝殼晒乾後磨成粉，再配上其他尋常香料，也能做成清雅的香品。若你不信，可以做個實驗：將乾荔枝殼放入電蚊香裡烤熱，包准會發出一股怡人的香味。

黃庭堅製作過一款「聞思香」，原料就是荔枝殼、丁香、松子仁等尋常香料，是一款成本相當低廉、香味卻頗清馥的合香。陸游也調製過一款使用荔枝殼的「四和香」，另外還加入蘭花、菊花、柏樹果實，將此四種原料搗碎，以煉蜜調成小丸即成。由於成本低廉，陸游還有些自嘲地將這款合香稱為「窮四和」。

不過，也不是只有窮人才用荔枝殼，皇室也流行這種平民化的香料。比如宋仁宗的寵妃張貴妃，就很喜歡用荔枝殼、苦楝花、松子膜等尋常材料製作合香，反而不愛沉香、檀香、龍涎香、麝香。蘇軾刻薄地說：貴人「鼻厭龍麝，故奇此香」（〈香說〉）——好比大富豪吃膩山珍海味，才愛上清粥小菜。這位蘇學士可真毒舌！

我倒是覺得，宋朝人的焚香理念很可愛：他們鄙視名貴的進口沉香，認為它的香味過於腥烈，只宜入藥，不宜用於焚香；一文不值的荔枝殼反而大受好評，因為它的香味清新，不失風雅。也就是說，在宋人的觀念中，一款合香是雅是俗，取決於香料的香味，與原料的價格沒有關係。

這樣的焚香理念，恰恰是今人缺乏的。儘管現在有許多朋友在「復刻」宋朝式的焚香，日本也還保有香道文化，此道卻仍屬小眾，原因很簡單：今日焚香，都是直接燒名貴香料，成本高昂，不是普通人玩得起的。一塊名貴的香料就這麼燒掉，我看了也覺得心疼。我們何不學習宋人，用香橙皮、荔枝殼等普通原料製作幾款合香，試一試宋朝式的風雅呢？

插花：蘇軾教你怎麼養一瓶花

我常常在回家時帶上一束花；有空的時候，也會和家人一起研究怎樣插花更好看，插好後擺在家裡顯眼的位置，看著心情就特別好。這樣的生活方式，並不是今天的小資、中產階級才有，宋人也有插花的習慣。南宋臨安人還因為愛花，傳出了一則詭異的故事：

臨安城豐樂橋旁邊，有一戶人家，戶主叫周五，開紡織作坊；他有一個女兒，長得花容月貌，喜歡插花。有一天，門外傳來賣花聲，周小妹出門一看，只見花販子竹籃裡的花朵嬌美豔麗，與平常所見鮮花大不相同，她喜愛非常，於是將身上所有錢都掏出來，買了許多鮮花，插在房間裡。

然而，自從在房中插了那些奇異的鮮花之後，周小妹的舉止開始變得怪異起來：每到晚上，必細細打扮、化妝，半夜還在房裡喃喃自語，如同與人聊天。父母見女兒這個樣子，很是擔憂。

這一日，周五在候潮門外遇到一個道士，道士告訴他：「這位施主，看你印堂發黑，必定是家裡出了妖怪。」周五一聽，想起家中異狀，嚇得臉色發白：「我家女兒好像是中了邪，請道長相救。」趕緊請道士來家中捉妖。

原來，是一種叫「貓魈」的妖怪，被周家的奇花所吸引，每至黃昏，便化作翩翩少年，騎著高頭大馬，來與周小妹約會。這一切，只有周小妹能看到，旁人都看不見。道士作法收了「貓魈」，周小妹這才恢復正常。

這個詭異故事裡的「貓魈」作祟情節，當然是無稽之談。不過，宋朝市井之家愛插花的習俗，卻是真實的。

南宋淳熙十三年（一一八六）春，詩人陸游奉宋孝宗之召，從家鄉紹興來到都城臨安覲見皇帝，暫時寓居於西湖邊的一家客棧裡。正趕上陰雨天，陸游躺在客棧的床上，聽著窗外的雨聲，輾轉難眠。第二天清晨，雨停了，樓下的小巷深處，傳來了清脆的賣花聲：「賣杏花——賣杏花——」。陸游起床，聽著這賣花聲，忍不住寫下一首題名為〈臨安春雨初霽〉的七言律詩，其中有兩句是：「小樓一夜聽春雨，深巷明朝賣杏花。」此二句膾炙人口，傳遍都城。

對生活在南宋都城的市民來說，他們一整個春天，都可以聽到悅耳的賣花聲。三月春光將暮，百花盡開，賣花的小販拖著婉轉的腔調喊著：「牡丹、芍藥、酴醾、薔薇、海棠、月季、杜鵑、千葉桃……」各種鮮花，爭奇鬥豔。賣花人將鮮花採摘下來，用馬頭竹籃盛著，穿梭於大街小巷，沿門叫賣。恰如蔣捷〈昭君怨〉詞所描述：「擔子挑春雖小，白白紅紅都好。賣過巷東家，巷西家。簾外一聲聲叫，簾裡鴉鬟入報。問道：買梅花？買桃花？」

宋朝商販的叫賣聲講究韻調，如同歌唱，十分動聽。《東京夢華錄》用了一段非常優美的文字，來描繪春天的賣花聲：「歌叫之聲，清奇可聽。晴簾靜院，曉幕高樓，宿酒未醒，好夢初覺，聞之莫不新愁易感，幽恨懸生，最一時之佳況。」

不獨春季有賣花之聲，在宋朝的大都市，其他季節也有鮮花叫賣：春天賣的是桃花、木香；夏天賣的是茉莉、葵花、榴花、梔子花；秋天賣的是木樨、秋茶花；冬天則賣木春花、梅花、瑞香、蘭花、水仙花。一年四季，都可以買到鮮花。

市井人家尚且如此愛花，講求生活格調的士大夫群體，更是以插花為時尚，在宋詩中便能讀到宋朝詩人是如何愛插花：「多插瓶花供宴坐，為渠消受一春閒」（高翥〈春日雜興〉）。春天，鮮花怒放，自然不可不插花；然而即便冬天百花凋零，也有梅花可插：「膽樣銀瓶玉樣梅，此枝折得未全開。為憐落莫空山裡，喚入詩人幾案來。」（楊萬里〈賦瓶裡梅花〉）。有些風雅的文人出遊，也要攜帶桌几，「列爐焚香，置瓶插花，以供清賞」（《考槃餘事》）。

寫到這裡，我想起前段時間，有一部以宋朝為背景的古裝劇《知否知否，應是綠肥紅瘦》，真切地展現了宋朝士大夫家庭的風雅生活。有一集演到，盛家為了讓幾個女兒學習大家閨秀需要曉得的禮儀、技藝，特意請了一位從宮裡出來的孔嬤嬤，來教她們點茶、焚香、插花。在講解插花時，孔嬤嬤說：「插花是門雅緻、高深的學問。花藝講究外師造化、內發心源，不但要美，更要有趣，若還能說出幾番道理來，那便是化境了。配色講究或濃烈，或淡雅，或冷，或暖，或二色互補，或一君一臣。」孔嬤嬤說的這番話，並非編劇的憑空杜撰，宋朝士大夫對插花藝術的理解，確實如此。

這群士大夫有審美、有學問，他們不但以插花為人生雅事，還將插花發展成一門精湛、高雅的藝術：什麼時節宜插什麼花、什麼花當配什麼瓶，不同的鮮花與綠葉該如何搭配，以哪種花為主、哪些花為輔，整體風格如何，一件插花作品蘊含什麼哲理，都有講究，有一套複雜的理論在背後支撐。

比方說，有一些宋朝士大夫認為，插梅花應該用古銅器，因為梅枝的奇崛與銅器的古樸搭配，相得益彰。並且，古銅器在地下埋藏多年，有深厚的泥土氣，瓶內的銅鏽富含供養鮮花的營養，梅花插在古銅瓶中，經久不謝，甚至可以在瓶中結出梅子。

我們熟悉的蘇軾也熱愛插花，還摸索出一套保養鮮花的小竅門。他與弟弟蘇轍都喜歡種菊花：「春初種菊助盤蔬，秋晚開花插酒壺」（蘇轍〈戲題菊花〉）：春天時，幼嫩的菊葉可以當蔬菜；到了秋天，菊花盛開，則可以摘來插在酒瓶中，點綴生活。

讓我們來想像一下：蘇軾、蘇轍兄弟與朋友聊天，插花應該是話題之一，蘇軾恐怕會忍不住先炫耀一番。

蘇軾說：「諸位，我發現了一個能延長花期的法子：用腌肉滾汁，撈去浮油，冷卻後倒入瓶中，插梅花，可令梅花結成果實。煮鯽魚湯亦有同樣效果。」

大夥兒一聽，哈哈大笑。我猜，笑得最大聲的人是黃庭堅。

黃庭堅說：「蘇老師插的梅花，貓兒最喜歡。」

一旁的蘇轍覺得奇怪，忍不住向黃庭堅發問：「黃兄為何這麼說？」

黃庭堅說：「因為有腥味啊。」

蘇軾聽出黃庭堅是在調侃他，連忙接話：「咳咳，諸位別笑話。我再說一個不腥的法子：插荷花，用毛髮纏住折口處，以泥巴封住小孔，再插入瓶中，灌上水，則花開數日不敗。」

眾人說：「這個法子好，這個法子好。」

上面的對話雖然是我虛構的，但插花小竅門真是蘇軾發現並寫在書裡的，見蘇軾《格物粗談》：「腌肉滚汁，徹去浮油，熱入瓶，插梅花，可結實。煮鯽魚湯亦可」；「荷花以亂髮纏折處，泥封其竅，先入瓶底，後灌水，不令入竅，則多存數日」。有興趣的朋友，不妨按照蘇大學士的法子，在家裡插一瓶梅花或者荷花，看看是不是真的可以延長花期。

悄悄告訴你，我試過了，效果還不錯喔。

簪花：綻放在髮梢的一抹春色

不知道各位有沒有看過一部以唐朝為背景的古裝劇《長安十二時辰》？劇中第一集有個細節，讓我印象深刻：元宵之夜，長安城的女子紛紛走出家門，上街賞花燈，每個人都打扮入時，衣裝光鮮，髮梢別著一朵醒目的鮮花。這是流行於唐朝的一種時尚，叫作「簪花」。唐代畫師周昉繪有一幅〈簪花仕女圖〉，畫的便是幾位簪花的貴族女子遊園賞春的情景。

唐朝的簪花時尚一直延續到了宋朝。在百花盛開的春夏時節，到處都可以看到簪花的女子。南宋的六月，茉莉花剛剛上市，一束花要賣幾百文錢，都能到酒樓吃頓大餐了，但臨安的女性愛美，不覺得貴，爭相買來插在頭上。鮮花插在頭上特別容易枯萎，半天時間，一束綻放的茉莉花就蔫了。數百文錢，只供一晌之歡，但愛美的宋朝女性並不會覺得不值。甚至就連山村裡的老太太，也要在頭上戴朵野花。

南宋有一首〈竹枝歌〉，就描述了四川岷江採茶女子的簪花時尚：「白頭老媼簪紅花，黑頭女娘三髻丫。背上兒眠上山去，採桑已閒當採茶。」你看宋朝女子多愛美。

戀愛中的少女更不能不簪花。每天早晨，門外總會傳來清亮的賣花聲，少女忍不住叫住賣花人，買一束含苞待放的鮮花，花苞上還帶著露珠，猶如眼淚暈染了紅顏。看著這嬌嫩的花朵，少女的心裡有一絲忐忑，擔心情郎認為「人面不如花容」；但她偏要將這朵鮮花簪在鬢邊，讓情郎比較：我和花朵，到底誰更好看？這名熱戀女子買花的細膩心思，被李清照寫成一闋〈減字木蘭花〉：「賣花擔上，買得一枝春欲放。淚染輕勻，猶帶彤霞曉露痕。怕郎猜道，奴面不如花面好。雲鬢斜簪，徒要教郎比並看。」

女子簪花並不稀奇，有意思的是，在宋朝，男人也有簪花的時尚。我看過北京故宮博物院收藏的一幅宋畫〈田畯醉歸圖〉，畫的是一名參加官府宴會的老農，喝得醉醺醺的，騎在牛背上回家，他的頭上便別著一朵鮮豔的牡丹花。蘇軾也寫過一首〈吉祥寺賞牡丹〉詩：「人老簪花不自羞，花應羞上老人頭。醉歸扶路人應笑，十裡珠簾半上鉤。」正好可以拿來作為這幅〈田畯醉歸圖〉的解說詞。

在讀《水滸傳》的時候，我也意外發現，好幾個長得虎背熊腰的梁山好漢，居然都有簪花的愛好。比如「小霸王」周通，「鬢傍邊插一枝羅帛像生花」；「短命二郎」阮小五，「斜戴著一頂破頭巾，鬢邊插朵石榴花」；「病關索」楊雄，「鬢邊愛插翠芙蓉」；「浪子」燕青，「鬢畔常簪四季花」；「一枝花」蔡慶，是個劊子手，卻「生來愛戴一枝花」，正是他綽號的由來。

唐朝長安的元宵夜，是滿城女子盡戴鮮花；宋朝東京的元宵夜，則是男人、女人都簪花，紅男綠女髮髻上的鮮花，與滿街懸掛的花燈爭豔，正如文彥博〈遊花市示之珍〉所形容的：「列肆千燈爭閃爍，長廊萬蕊鬥鮮妍。」

簪花是宋時的全民時尚。春季的洛陽，牡丹盛開，城中不分男女老少、貧富貴賤，都在頭上插牡丹花；在揚州，春時芍藥怒放，也是不分貴賤，「皆喜戴花」（《揚州芍藥譜》）。揚州的芍藥名揚天下，其中有一個品種非常名貴，花瓣為紫色，如同紫袍，中間有一條金線，名為「金腰帶」。相傳有機會簪到「金腰帶」芍藥的人，都可以當上宰相。

有個跟「金腰帶」有關的有趣的故事。北宋慶曆年間，大臣韓琦在揚州任知州。一日，揚州衙署花園的芍藥居然開出了四朵形大、色鮮，且花瓣邊緣為金黃色的「金腰帶」。韓琦大喜，下令在花園中擺宴慶賀。受邀而來的通判王珪、簽判王安石，加上知州韓琦，都是當時的名士。下官盤算，四朵芍藥，他們三人一人一朵；正好大名士陳升之赴任途中路過此處，拜謁韓琦，於是第四朵也有了主人。等陳升之入席後，韓琦喚來家僕：「將這四朵芍藥剪下來，給三位客人簪上。」當然，最後一朵「金腰帶」，韓琦留給了自己。

你猜猜，之後的故事怎麼發展？十餘年後，設簪花宴的韓琦果然拜相；二十餘年後，陳升之與王安石拜相；三十年後，王珪也拜相。真的應了「戴金腰帶者可當宰相」的傳說。

韓琦設簪花宴的故事為許多人稱道，有好幾位畫家將這個故事畫下來，題為〈四相簪花圖〉；揚州瘦西湖畔，還有一組「四相簪花」的雕像；金庸先生創作《鹿鼎記》時，也將「四相簪花」的故事寫入小說裡。

話說韋小寶以欽差大臣的身分巡視揚州，衣錦還鄉。這一日，揚州知府吳之榮設宴，為韋小寶接風洗塵。宴席設在揚州一處芍藥圃，吳之榮先請韋小寶賞花。布政司慕天顏摘了一朵碗口大的芍藥花，雙手呈給韋小寶：

慕天顏：「請大人將這朵花插在帽上，卑職有個故事說給大人聽。」

韋小寶接過花來，插在帽上：「這花戴著倒是不錯，你說說吧。」

慕天顏：「恭喜大人，這芍藥有個名稱，叫作『金帶圍』，乃是十分罕見的名種。古書上記載，戴這『金帶圍』的人，日後會做宰相。」

韋小寶：「哪有這麼準？你怕不是在逗我吧？」

慕天顏聽了，便向韋小寶講了北宋的四相簪花宴。韋小寶聽得心花怒放。

對宋朝人來說，簪花確實是一種時尚，不但流行於士大夫、平民百姓間，就連皇帝也沒錯過。北宋元豐年間，神宗皇帝遊覽皇家林苑「金明池」，剛好洛陽進獻了一朵牡丹花，大如臉盆，神宗便將它戴在頭上。南宋淳熙年間的元旦，宋孝宗給太上皇宋高宗祝壽，自皇帝、群臣，至禁衛、吏卒，頭上都簪花，詩人楊萬里將這一盛況寫入詩中：「春色何須羯鼓催，君王元日領春回。牡丹芍藥薔薇朵，都向千官帽上開。」（〈德壽宮慶壽口號十首〉詩其三）楊萬里文筆好，將百官簪花形容為「春色在官帽上綻放」；要是讓我來形容，我會說，宋朝流行的簪花，就是綻放在宋人髮梢的一抹春色。

刺青：花繡之美可比繡花

施耐庵在《水滸傳》中，賦予一百零八名梁山好漢各不相同的形象。如果舉辦人氣票選，可能有人會選重情重義的「及時雨」宋江，也可能有人會選滿腹計謀的「智多星」吳用——但如果今天的投票標準是誰身上的「花繡」最好看呢？

可不要以為是「繡花」，宋人說的「花繡」，其實是「刺青」的意思。在《水滸傳》中，有好幾名梁山好漢以紋身聞名；那麼假如梁山泊要舉辦一場花繡大賽，究竟哪一名好漢可以奪魁呢？這可不是我的幻想，宋朝的刺青愛好者確實經常舉行刺青展示大賽，叫作「賽錦體」，比誰身上的刺青最漂亮，獲勝者可以贏得一筆獎金。我想，如果梁山泊舉行「賽錦體」，場面一定很精彩。我們想像一下各位參賽好漢會怎麼自我介紹——

魯智深：「我是『花和尚』魯智深，你們知道我這綽號是怎麼來的嗎？看我背上的花繡！」

史進：「請投我九紋龍一票！」——這裡容我插一句嘴，史進身上的花繡的確非比尋常，那是他父親史太公請高手匠人刺的，在肩膀、手臂、胸膛一共刺了九條龍，所以才被人喚作「九紋龍」史進。

聽了「九紋龍」的話，「矮腳虎」王英坐不住了：「九條龍是很了不起，但俺娘子扈三娘的一身花繡才最漂亮！」

扈三娘是梁山泊的一名女漢子，綽號「一丈青」。多數人認為這個綽號與她身高較高有關，但也有研究者認為，「一丈青」指的就是扈三娘身上長一丈的青蛇刺青。如果這一判斷是準確的，我想，扈三娘的這身花繡，無疑是很性感的。

不過，若論最漂亮、最好看的花繡，我認為當屬「浪子」燕青。

燕青：「我燕青，自小父母雙亡，由主人盧俊義養大，主人見我一身皮膚雪一樣白，便請了高手匠人，給我刺了一身花繡。」

你猜，燕青身上繡的是什麼？《水滸傳》用一首詩來形容：「中有一人名燕青，花繡遍身光閃爍。鳳凰踏碎玉玲瓏，孔雀斜穿花錯落。一團俊俏真堪誇，萬種風流誰可學。錦體社內奪頭籌，東嶽廟中相賽博。」詩中的「玉玲瓏」，指的是水仙花。從詩句的描述可以知道，燕青身上刺的是一幅構圖複雜、色彩豔麗的花鳥畫。

跟燕青身上的花繡一比，其他梁山好漢刺的是什麼？無非是豹子頭、老虎頭，或是幾條龍、一條蛇，實在談不上特殊。《水滸傳》直接說，燕青這身花繡，「若賽錦體，由你是誰，都輸與他」。所以，我才敢肯定地說，如果梁山泊來一場花繡大賽，冠軍一定是燕青。

就連東京城裡的青樓頭牌李師師，聽說了燕青有一身令人驚豔的花繡，都想一睹為快。有一回，燕青混入東京，拜見李師師。兩人一邊唱曲，一邊喝酒，酒過三巡，李師師一時興起，居然讓燕青脫衣服。我們來看看當時他們的對話——

李師師面露醉態：「聞知哥哥一身好文繡，願求一觀如何？」

燕青：「真的不敢再喝了。」

李師師：「來，喝吧。」

燕青：「姐姐，小弟真的不敢再喝了。」

燕青：「小人賤體雖有些花繡，但怎敢在娘子跟前寬衣解帶，失了禮數。」

李師師：「何必拘禮？哥哥這般遮掩，我倒是愈發想看了。」

燕青：「姐姐……好。」

李師師三番五次，定要討看，燕青只好脫下上衣。李師師看了大喜，用一雙纖纖玉手，撫摸著燕青身上的刺青。燕青怕她更進一步，難以迴避，心生一計：

燕青：「娘子今年貴庚多少？」

李師師：「師師今年二十有七。」

燕青：「小人今年二十有五，卻小兩年。娘子既然錯愛，願拜為姐姐。」

這段對話並不是我想像的，而是《水滸傳》中的描寫。我們不能說燕青不解風情，因為他心中自有分寸。

《水滸傳》講述的江湖好漢愛刺青之尚，並不是小說家的虛構，而是真實的宋朝社會現象。唐朝與宋朝都流行刺青，不同的是，唐朝的刺青之風只流行於不良少年群體，他們在身上刺青，往往是為了展現自己的叛逆精神；官府對民間的刺青行為也採取不容忍的立場，若發現有市民刺青，會將他們抓起來，然後用燒紅的鐵絲把刺青「擦」掉，這叫作「炙滅」。所以如果你想穿越到大唐盛世，身上又有刺青，那可得考慮清楚了。

不過若是穿越到宋朝，就不用擔心會被「炙滅」，因為宋朝官府對於民間的刺青之風並不干涉，刺青也因此在宋朝更為興盛。流風所及，喜歡刺青的，未必盡是不良少年、江湖好漢，而是一時之風尚，用宋朝人的話來說，「今世俗皆紋身，作魚龍、飛仙、鬼神等像，或為花卉、文字」。（《事物紀原》）

甚至一些士大夫也有刺青。比如北宋末，有一個叫李質的官員，少年時刺青過，宋徽宗賜號「錦體謫仙」；南宋時，則有一個叫李鈁孫的讀書人，少年時在大腿上刺了一個「摩睺羅」。什麼是「摩睺羅」？就是用土、木、蠟等製成的嬰孩形玩具，可以把它看作是宋朝流行的「芭比娃娃」。

或許可以這麼說：刺青是許多宋朝男兒的「青春期標誌」，少年人熱血不羈、追求時髦，總想表現自己的與眾不同，在身上刺一個圖案、幾行文字，大概便是出於這樣的心理。就如一首宋朝詩歌所描寫的：「少年宕子愛雕青（刺青），文彩肌膚相映明。鬧裡只圖遮俗眼，強將赤體以為榮。」（釋梵琮〈頌古三十一首〉詩其三十一）由於刺青者眾，宋朝大都市中還出現了「刺青協會」，叫作「錦體社」；專門為人刺字和紋身的工匠則被稱為「針筆匠」。

不過，宋朝官府雖然不干預平民，卻不准許宗室子弟和官員刺青。在南宋後期，讀書人如果被發現身上有刺青，是不被允許參加科舉的，除非將其去除。

講個有趣的故事。宋朝有一些官員生性放浪輕浮，比如徽宗朝的宰相李邦彥，就是一個貪玩之徒，人稱「浪子宰相」。為了刺青一事，他還特地和妻子商量。

李邦彥：「娘子，我看那市井少年身上的花繡好漂亮，我也想刺一個。」

妻子：「相公，你既然喜歡，那就刺吧。」

李邦彥：「可是，朝廷不允許。」

妻子：「刺在背上，別人也看不到啊。」

李邦彥：「但我怕痛。」

妻子：「那你自己想辦法吧。」

李邦彥還真的想出了一個好辦法：他在透明的薄絹上作畫，然後將畫好的薄絹貼在身上，像是今天的紋身貼紙，想貼哪個部位就貼哪個部位，效果如同刺青，又免受針刺之苦，而且隨時可以更換新的圖案。

這段對話是我演繹的，但李邦彥確實使用過「紋身貼」。《大宋宣和遺事》記載：「（徽宗時）李邦彥以次相阿附，每燕飲，則自為倡優之事，雜以市井詼諧，以為笑樂。人呼李邦彥做『浪子宰相』。一日侍宴，先將生綃畫成龍文貼體；將呈伎藝，則裸其衣，宣示紋身，時出狎語。」李邦彥在透明的生綃上畫出龍紋、貼在身上，看起來就像是紋身，可謂是紋身貼紙的發明人——今天有些年輕人想刺青又怕痛，也會用紋身貼紙，殊不知千年前的宋朝就有人這麼做了呢。

美妝：宋朝少女的妝奩裡有什麼？

我想，你一定看過身邊的女性朋友，隨身攜帶放著口紅、粉餅、眉筆等化妝品的小包包——說不定你自己就有一個。而在宋朝，女性的妝奩裡，這些化妝品同樣一個也不少。

讓我們來想像一個情景：一個宋朝女子與她的「閨蜜」們一塊聊天。我敢打賭，她們的話題一定離不開化妝品。

甲娘子：「前日我家大郎從臨安府回來，給我帶了一枚畫眉的香墨，叫『七香丸』，畫出來的眉色濃淡適宜，還帶有一股淡淡的香味。你們聞聞。」

乙娘子：「嗯，真的香香的，讓我試試。」

丁娘子：「我幫你畫。」

丙娘子：「哦，我家二郎下個月也去臨安府呢。聽說臨安府的『修義坊北張古老胭脂鋪』和『官巷北染紅王家胭脂鋪』，有海外大食國進貢的胭脂與口脂，我想讓我家二郎幫我帶幾盒回來。」

丁娘子：「大食國的胭脂、口脂都不是很好，聽說是用一種叫『胭脂蟲』的蟲子做的。」

甲娘子：「真的啊？」

丁娘子：「但是啊，大食商人帶來的『薔薇水』是真的好，不如叫你家二郎買幾瓶回來。」

甲娘子：「大郎竟然沒有幫我買『薔薇水』！看我怎麼收拾他。」

這段對話是我虛構的，但對話中提到的七香丸、口脂、胭脂、薔薇水等等，卻真是宋朝女性常用的化妝品。

口脂是什麼？就是我們熟悉的口紅。宋詞中有個詞牌，叫「點絳唇」，意思就是塗口紅。那麼宋朝人是怎麼塗口紅呢？古裝電影或電視劇中，常常看到的方式是，取出一張紅紙，用雙唇抿一下，讓紙上的紅色印上嘴唇。我偷偷告訴你，這是現代編導的「腦洞」，並不是真正的歷史。

其實，古人是用口脂來美化雙唇的。口脂以蜂蠟為材料，以紫草汁液、朱砂為染色劑，調製成膏狀裝在小盒裡，或者製成圓條狀裝入圓筒裡——就跟現在化妝包裡的口紅差不多。記得唐朝詩人杜甫有一首詩是這麼寫的：「口脂面藥隨恩澤，翠管銀罌下九霄。」（〈臘日〉）詩中的「面藥」，是敷臉的潤膚品，用「銀罌」裝著；口脂是口紅，用「翠管」盛裝。宋朝女子的口脂中還常常加入香料，所以她們會留下帶著香味的唇印。

現代人化妝要先上粉底，宋朝女子梳妝同樣離不開它。有一首宋詩〈田家謠〉中寫道：「中婦輟閒事鉛華，不比大婦能憂家。」意思是說：這家農戶，大媳婦勤快，二媳婦愛美，忙裡偷閒化妝打扮。詩中的「鉛華」便是粉底，聽上去很美，但其實就是鉛粉。鉛粉可以美白，卻有毒性，宋朝人也知道，所以他們也用石膏、滑石、蚌粉、米粉調製粉底。

上好粉底，接著就是腮紅，也就是「胭脂」。胭脂也是宋朝女子不可或缺的化妝品，粉底可美白，胭脂能讓膚色紅潤。宋朝大文豪歐陽修寫過不少豔詞，詞中多次提到胭脂，例如：「深點唇兒淡抹腮」、「灑著胭脂紅撲面」（〈南鄉子〉）。意思是說，女子化妝，紅唇要濃、胭脂要淡，臉部膚色要白裡透紅。

宋人製作胭脂常用的原料有紅藍花、紫草等植物，將其搗碎後擠壓出汁液，便可得到染色用的色素。另外還有一種原料，叫作「紫鉚」，是某種植物經蟲咬之後的分泌物，凝結如糖霜，掛於枝頭，呈紫黑色，但研成粉末後則為鮮紅色，因此宋人常用它製作胭脂。宋人也有追名牌的消費習慣。南宋時，臨安「修義坊北張古老胭脂鋪」、「染紅王家胭脂鋪」出品的胭脂，就是響噹噹的名牌化妝品。幾個宋朝女子聚在一起，也免不了要相互討論：你用的是哪牌的胭脂、口脂？

除了嘴唇，眉毛也是梳妝打扮的重點部位。金庸先生的武俠小說《倚天屠龍記》結尾就寫到，趙敏要求張無忌幫她畫眉。

趙敏說：「無忌哥哥，你曾答允我做三件事，第一件是替我借屠龍刀一觀，第二件是當日在濠州不得與周姊姊成禮，這兩件你已經做了。還有第三件事呢，你可不能言而無信。」

張無忌吃了一驚，說道：「你……你……你又有什麼古靈精怪的事要我做……」

趙敏嫣然一笑，說道：「我的眉毛太淡，你給我畫一畫。這可不違反武林俠義之道吧？」

張無忌提起筆來，笑道：「從今而後，我天天給你畫眉。」

趙敏要情郎幫她畫眉，是因為覺得自己眉毛太淡；宋朝女子愛畫眉，原因可不是眉毛淡，而是想給眉毛化「眉妝」。許多女子甚至乾脆將眉毛剃掉，這樣就可以隨心所欲用眉筆蘸上顏料，畫出心愛的眉型。

古代女性流行的眉型，可謂千姿百態：有長眉，盛行於南北朝；有闊眉，唐朝比較流行，如周昉〈簪花仕女圖〉中的貴族女性；又有廣眉、細眉、涵煙眉、拂雲眉、連頭眉、飛蛾眉、柳葉眉、桂葉眉、鴛鴦眉、遠山眉、垂珠眉……名目之多，讓人眼花繚亂。

唐宋時期，有一幅〈十眉圖〉流傳，畫了當時最流行的十種眉妝——當然，實際上流行的肯定不止十種。長安平康坊有一個叫「瑩姐」的歌伎，擅長美妝，尤其是畫眉，眉型一日一變，一月三十天，沒有一天重複。有人跟她開玩笑說：「西蜀有〈十眉圖〉，流傳一時，而你一人就可以作〈百眉圖〉。再過幾年，定有人給你修一部《眉史》。」

那麼張無忌給趙敏畫眉，會用什麼材料呢？唐朝人與明朝人畫眉，喜歡用天然的黛石，即石墨；有一種從波斯進口的畫眉石，叫「螺子黛」，一顆價值十兩銀子。宋朝人與元朝人畫眉，則習慣用人工調製的「畫眉墨」。南宋臨安商家出售的「畫眉七香丸」，是一種帶有香味的名牌畫眉墨。考慮到趙敏郡主生活在元末明初，她的梳妝盒裡，應該備有畫眉石或者畫眉墨。

梳髮、洗臉、敷粉、抹胭脂、點唇、畫眉，化好全妝，可以出門逛街了——且慢，別忘了還有一道工序：灑幾滴香水。宋朝當然也有香水，有首宋朝詩歌是這麼說的：「美人曉鏡玉妝臺，仙掌承來傅粉腮。瑩徹琉璃瓶外影，聞香不待蠟封開。」（虞儔〈廣東漕王僑卿寄薔薇露因用韻〉詩其二）詩中，琉璃瓶裝著的便是香水。

宋朝人習慣將香水叫作「薔薇水」，品質最好的來自大食國，香味濃郁、持久不散。很多宋朝詩詞都提到「薔薇水」，比如「百和薰肌香旖旎，仙裳應漬薔薇水」（王安中〈蝶戀花〉），就是在說宋人喜歡在衣服上灑「薔薇水」，讓自己的身體散發出淡淡的芳香。

讀到這裡，你是不是也已經忍不住想補個淡妝、噴幾滴香水了呢？

輯三

閨中的風采

許多人以為宋朝是女性受到束縛的時代，但實際上並非如此：宋朝女子可以穿著素雅又有些性感的抹胸和褙子；可以從事廚師、掌櫃等職業；在訂婚前可以相親；可以以「奩產」的形式從父母那裡得到一筆財產；婚後在若干情況下可以主動提出離婚……。

宋朝女性如何擇偶？

許多人可能認為，古人的婚姻講究「父母之命，媒妁之言」，乃包辦婚姻，新郎、新娘在婚前無法見面，所以不可能有戀愛或相親。然而，這種說法並不完全正確：事實上，宋朝的年輕男女在媒人上門說親之後，是可以提出相親的。

讓我先說一個宋朝話本《西山一窟鬼》中的故事：南宋紹興年間，有一個叫吳洪的秀才，來臨安府考取功名，卻未能考中，想回家又缺乏盤纏，便在臨安城內的州橋下開了個小學堂，收幾名學生，教書度日。

這一日，吳秀才正在學堂裡教書，只聽得青布簾上鈴聲響，走進一個人來，原來是半年前搬走的鄰居王婆。王婆是個媒人，專靠做媒為生。她這次上門，是專門來給吳秀才說親的。

只聽那王婆說：「吳小官人，喜事喜事！」

吳秀才說：「王媽媽，有何喜事？」

王婆說：「有一門親事等著您，女方是一個叫李樂娘的小姐，長得美麗大方，又知書識禮，租住在舊鄰舍陳乾娘的家裡。說親的人多到踏破了門檻，李樂娘卻說，我只要嫁個讀書官人。這小姐，跟秀才您正是天設地造的一對。」

吳秀才一聽大喜，便拜託王婆說合，並約了一個相親的時間。

到了相親那天，吳秀才早早讓學生回家，換了件新衣，來到約定地點——梅家橋下酒樓，媒人王婆早已在外等候。王婆引著吳秀才進門，與陳乾娘見面。

吳秀才問道：「小姐在哪裡？」

陳乾娘說道：「在東閣裡坐著呢。」

吳秀才走到東閣窗外，用舌尖舐破窗紙，忍不住喝彩：「她不是人！」

陳乾娘聞言嚇了一跳，說：「如何不是人？」

吳秀才說：「這，分明是天上的仙女！」

原來，那李樂娘長得花容月貌，吳秀才滿意得不得了，當下便從懷中掏出一支髮釵，走入東閣，插在李樂娘的髻上，定下了親事。

過了幾天，吳秀才便將李樂娘娶過門。婚後夫妻倒也恩愛，但有一年清明節，吳秀才夜間經過一座野墓園，見到墓堆中跳出一個人，聽她聲音，赫然是李樂娘。原來，做媒的王婆、嫁人的李樂娘，都已去世多年，吳秀才這才知道，自己竟然娶了一個鬼新娘。

這是一個「聊齋志異式」的故事，但我講這個故事，並不是為了嚇唬你，而是請你注意其中的一個細節：吳秀才與李樂娘成親之前，是相親過的。相親時，吳秀才對李樂娘很滿意，於是將一支髮釵插到李樂娘的髮髻上。這是真實的宋朝婚俗。

按照宋朝習慣，男方與女方經媒人說親後，有一個相親儀式，也就是雙方約定時間，由媒人安排地點，讓男方與女方見上一面，看看是否中意彼此；地點通常在女方家中，或環境清幽的園圃、湖舫。到了約好的時間，男方就帶著禮品，前往拜會女方。見過面，準新郎如果覺得滿意，就將一支金釵插到準新娘的髮上，這叫作「插釵」。《夢粱錄》對此有生動記載：「婚娶之禮，先憑媒氏。……伐柯人（媒人）兩家通報，擇日過帖，各以色彩襯盤、安定帖送過，方為定論。然後男家擇日備酒禮詣女家，或借園圃，或湖舫內，兩親相見，謂之『相親』。男以酒四杯，女則添備雙杯，此禮取男強女弱之意。如新人中意，即以金釵插於冠髻中，名曰『插釵』。……既已插釵，則伐柯人通好，議定禮，往女家報定。」那如果準新郎對女方不滿意呢？就送彩緞兩匹到女方家，這稱為「壓驚」，暗示這門親事不成了，送上一點禮物，表示歉意。

說完相親，你以為就結束了嗎？不，宋朝還有自由戀愛。

讓我再告訴你一個故事，出自另一部宋朝話本《鬧樊樓多情周勝仙》：宋徽宗年間，東京開封府有一個年輕人，叫范二郎，兄長在樊樓內開酒肆。這一日，范二郎在樊樓邊的茶坊遇見一個女子，兩人「四目相視，俱各有情」。

那女子叫周勝仙，對范二郎一見鍾情，心裡暗自思量：「我若能嫁得這般子弟，不知該有多好。今日錯過，他日再去哪裡找？可是，又如何與他搭話？」

周勝仙正想著，就聽到茶坊門口叫賣聲響起，原來是一個賣糖水的小販經過。周勝仙聽見，心生一計，便叫道：「賣水的，倒一盞甜蜜蜜的糖水來！」

小販倒了一盞糖水遞給她，周勝仙接過，才嘗了一口，就將裝糖水的銅盂一丟，叫道：「好好！你居然暗算我！你知道我是誰嗎？我是曹門裡周大郎的女兒，小名叫作勝仙，今年一十八歲，不曾吃人暗算，你今天卻來算計我！我是不曾嫁的女孩。」

范二郎在一旁聽著，心中若有所思：「這小姐言語蹊蹺，這番話分明是說與我聽的。」

還沒等范二郎想好如何回應，小販先著急了：「回小姐，小人怎敢暗算？」周勝仙說：「如何不是暗算我？盞子裡有條草。」

聽了兩人的對話，范二郎靈機一動，也叫道：「賣水的，你給我也倒一盞甜蜜蜜的糖水來。」

賣糖水的小販便也倒了一盞糖水，遞與范二郎。范二郎接過盞子，吃一口水，也把盞子一丟：「好好！你這個人真的是要暗算人！你知道我是誰嗎？我哥哥是樊樓賣酒的，喚作范大郎，我便是范二郎，今年一十九歲，未曾吃人暗算。我射得好弩，打得好彈，我也不曾娶渾家。」

周勝仙聽在耳裡，知道范二郎的意思。只可憐那賣糖水的小販一直被蒙在鼓裡，滿肚子委屈，又不敢衝著小姑娘發作，只好對著范二郎訴苦：「你又是什麼意思，說與我知道？指望我與你做媒？你便告到官司，我是賣水，怎敢暗算人！」

范二郎說：「你如何不暗算？我的盂裡也有一根草葉。」

周勝仙聽了，心裡好生歡喜，站起身來，卻只看著那賣水的小販，說：「我要回去了。你敢隨我去嗎？」

范二郎一聽，心裡便清楚了：「她這話分明是叫我隨她去。」

於是，范二郎一路跟著周勝仙，走到周家門口。勝仙入門去，卻又掀起簾子，回過頭來瞧他。范二郎心中歡喜，在門口徘徊了大半天，直到晚上才回家。

自這次邂逅後，兩個年輕人都得了相思病。恰好周勝仙家的隔壁有一個王婆，既做媒人，又會看脈，知人病情輕重，周家便請她過來給勝仙看病，又託她前往范家說親。王婆來到樊樓，對范二郎的哥哥范大郎說：「曹門裡周大郎家，特使我來說二郎親事。」范家兄弟聽了都很高興，很快就下了定禮，定下這門親事。

這個故事裡的周勝仙，雖然對賣糖水的小販不太友好，但也算是一位敢於追求愛情的女性。她與范二郎的婚事，同樣經過「父母之命，媒妁之言」，只是在媒人說親之前，兩個年輕人就已經相識、相戀。

在宋朝，少男少女談戀愛應該不算罕見，因為有宋人總結了一套跟女子搭訕、交往的指南，叫作《調光經》和《愛女論》。所謂調光，即調情，介紹《調光經》

的宋話本《彩鸞燈記》說：「原來調光的人，只在初見之時，就便使個手段，便見分曉。有幾般討探之法，說與郎君聽著，做子弟的牢記在心，勿忘了《調光經》。」

《調光經》告訴宋朝男子，遇上心儀的女子，當如何上前搭訕、如何博取對方好感、如何發展感情：要「屈身下氣，俯就承迎」，「先稱他容貌無雙，次答應殷勤第一」，「才待相交，情便十分之切，未曾執手，淚先兩道而垂」，「訕語時，口要緊；刮涎處，臉須皮」，「以言詞為說客，憑色眼作梯媒」，「赴幽會，多酬使婢；遞消息，厚賆鴻魚」，「見人時佯佯不睬，沒人處款款言詞」。

《調光經》與周勝仙的故事也告訴我們：不管是女性還是男性，只要遇見了讓自己怦然心動的意中人，都可以勇敢地表白。我們要是以為宋朝人只有包辦婚姻，沒有談情說愛，那可就誤會了。

宋朝的悍妻、妒婦

古代社會獨尊男性，不過，也不時聽到男人「怕老婆」的事蹟。怕老婆，文言一點的說法叫作「懼內」，每個時代，總有一些男人懼內，但宋朝懼內的男人似乎特別多。在波瀾壯闊的中國「懼內史」上，宋人至少貢獻了三個著名的典故。

第一個典故叫「河東獅吼」，相信許多朋友都聽說過。「河東獅」指的是蘇軾好友陳慥（字季常）的妻子柳氏。陳季常自號「龍丘先生」，性格好客，熱愛藝術、享受生活，卻也是一個「妻管嚴」。每當家裡來了客人，陳季常總是以美酒相待，並叫來幾名女粉絲、女藝人作陪，席間高談闊論，賓主相談甚歡。讓我們想像一下這場藝文沙龍的畫面——

女粉絲用崇拜的語氣說：「四郎，聽說您對養生頗有研究，能教教我們女孩子該如何養生嗎?」

陳季常:「要說養生,吾友子瞻(蘇軾)才是行家。可惜他今天不在。」

客人甲:「季常兄少年時學劍,為何如今卻迷上養生?」

客人乙:「想必是打不過尊夫人。」

這時,陳季常的夫人柳氏突然在後堂吼道:「陳季常!你又在胡說什麼?」

陳季常趕緊跟大家說:「我家老大叫我了,我進去一下。失陪失陪。」一溜小跑進了後堂,低聲問妻子:「夫人有何吩咐?」

柳氏:「陳季常,上次你是如何答應我的?你說以後請朋友喝酒,再也不叫女粉絲,怎麼今天又叫了?我給你兩個選擇:一、你自己出去請她們走;二、我出去趕她們走!」

老婆大人發脾氣,陳季常便如同做錯事的小朋友,低頭接受訓斥,然後叫僕人將女粉絲送走。好朋友蘇軾故意調侃他,寫了一首詩相贈:「龍丘居士亦可憐,談空說有夜不眠。忽聞河東獅子吼,拄杖落手心茫然。」(〈寄吳德仁兼簡陳季常〉)便是這首詩為中文世界貢獻了一個成語:河東獅吼。

有一回，柳氏與丈夫嘔氣，生了病。另一位好友黃庭堅知道後，寫了封信給陳季常，問他：得悉嫂夫人有微恙，不知如今是否痊癒？陳兄晚年想過清靜的日子，不再約人聚會，也不再請女粉絲喝酒了，嫂夫人還有什麼好煩惱的呢？何以氣出病來？一席話說得陳季常哭笑不得。不管怎麼說，陳季常懼內的事蹟早已在朋友間傳開了，而且還被記入歷史，傳揚千古。後人一說起強悍的妻子，總是用「河東獅」來形容；一說到怕老婆的男人，也會稱其為有「季常癖」。

第二個宋朝的怕老婆典故是「胭脂虎」：尉氏縣知縣陸慎言的妻子朱氏很強悍，陸慎言對她言聽計從，連縣裡政事都交由她定奪，當地人便送了一個綽號給陸夫人，叫她「胭脂虎」。這個故事記載於北宋陶穀的《清異錄》中。

除了「河東獅吼」和「胭脂虎」，還有一個不常聽到的，叫作「補闕燈檠」，同樣出於《清異錄》。

「補闕燈檠」是「備用燈架」的意思，它跟男人懼內有什麼關係呢？原來，宋朝有一個男子，名叫李大壯，名字聽起來很有架勢，卻非常怕老婆。每次他惹老婆生氣，老婆總是對他喝道：「坐下！」他也都會挺直腰板，乖乖坐下。李夫人照例在他頭頂放上一只燈碗，點燃燈火，說：「你要是將這燈弄滅了，就改成跪洗衣板。」李大壯只能「屏氣定體，如枯木土偶」，動都不敢動，就怕弄倒頭上的燈碗。於是，大夥兒戲謔地將他叫成「補闕燈檠」，這也就成了「怕老婆」的代稱。

怕老婆的宋朝男人當然不只這幾位，還有不少家喻戶曉的人物。例如我們熟悉的大文豪歐陽修，也是一位「妻管嚴」。

有一次，歐陽修答應替宋朝的一位賢相王旦寫墓誌銘。王旦的兒子王仲儀非常感激，於是派人送去十副金酒盞、兩把金酒壺，以此表達謝意。歐陽修推辭，不敢接受，說：「這麼貴重的禮物，愧不敢當。況且，我家也沒有懂得擺弄這些金酒器的侍女。」誰知王仲儀一聽，居然再挑了兩名侍女，一併送給歐陽修。歐陽修只好收下酒器，將侍女送回去，因為歐陽夫人管得嚴，不允許他親近美女。

不只歐陽修，就連權傾朝野的權臣也怕老婆。宋真宗時，有一個權相叫王欽若，他在朝廷一手遮天，很多人都怕他，他卻怕自己的老婆：夫人說一，王相公不敢說二；夫人說西，王相公不敢說東；夫人說不可納妾，王相公就一直未曾納妾。

有一次，王欽若在後園修建了一間書房，取名「三畏堂」，出自《論語》：「君子有三畏：畏天命，畏大人，畏聖人之言。」這名字取得有學問，但王欽若的同事、一個叫楊億的翰林學士卻給出這樣的回饋：

楊億：「王相公，你這堂名取得不好，應該叫『四畏堂』才對。」

王欽若不解：「四畏？什麼四畏？」

楊億：「畏天命，畏大人，畏聖人之言，兼畏夫人。四畏也。」

文豪和權相都投降了，那科學家呢？宋代著名的科學家沈括，脖子上長著一顆十一世紀最聰明的腦袋，天文地理、物理化學，無所不曉，但同時也是出了名的懼內。他的第二任妻子姓張，在家中非常強勢，經常毆打沈括，沈括只敢閃避，不敢還手。好幾次，他的鬍子都被發威的妻子連皮帶肉扯下來，臉上血淋淋一片，子女看到都嚇壞了，哭著求母親：「娘，你饒了爹爹吧。」

而沈括呢？儘管經常被妻子虐待，他對妻子的感情卻極為深厚。後來張氏病逝，朋友都為沈括高興，認為他終於解脫了，沈括自己卻一直精神恍惚，十分思念亡妻。一日，他乘船經過揚子江，竟想投水自盡，幸虧被人及時拉住。可惜不久後，他還是鬱鬱而終，隨妻子而去。

除了前述這些人，其實我們還可以列出一長串宋朝懼內男人的名單：晏殊、秦檜、周必大、陸游……都是知名人物，都怕老婆。這說明在宋朝，怕老婆恐怕不是個案，而是普遍現象。名列唐宋八大家的曾鞏，曾經發過一段牢騷，大意是：從前，女子都安分守己，相夫教子，三從四德；可是，近世以來，風氣好像變了，女性開始熱衷於打扮，佩戴名貴首飾，婚後還騎在丈夫頭上作威作福。曾鞏用八個字來批評這一社會現象——「使男事女，夫屈於婦」（《元豐類稿》）：男的要服侍女的，丈夫要屈服於妻子。

至於為什麼會有這樣的現象？明朝一位學者的說法或許可以解釋：「士大夫自中古（唐宋）以後多懼內者，蓋名宦已成，慮中冓（妻子）有違言，損其譽望也。」（《萬曆野獲編》）意思是，士大夫珍視自己的聲譽，之所以怕老婆，是因為不想落下家庭不和的壞名聲，敗壞自己的形象。「使男事女，夫屈於婦」在宋朝成為一種現象，也從側面說明宋朝女性的社會地位，並不如今人想的那麼低。

宋朝女性可以提出離婚嗎？

你可能會以為，古代只有「休妻」，沒有「休夫」，一個古代女子不能主動向她的丈夫要求離婚；但其實在宋代，這是很常見的事。

讓我說一個宋代筆記小說裡的故事。唐州有個富商，姓王，排行第八，人稱「王八郎」——每次聽到這個名字，我都會忍俊不禁。這個王八郎人品不好，在外包養了個娼妓出身的女子，嫌棄結髮妻子。他的妻子非常聰明，發現丈夫的不忠後並沒有立刻發作，而是悄悄將財產變賣，換成金銀藏起來。某天，王八郎經商回家，發現家中值錢的東西竟然都不見了。

王八郎大怒：「我跟你今日必須離婚，絕不可能復合。」

他的妻子：「離就離，誰怕誰？」

王八郎的妻子便拉著丈夫去官府，提請離婚。最終，法官同意兩人離婚，財產平分。王八郎還想要求女兒的撫養權，他的妻子對法官說：「孩子她爸無狀，包養娼妓，拋棄髮妻，孩子若跟了他，必定受苦落難。」這番話說得有理有據，於是，法官也同意將女兒的撫養權判給女方，王八郎之妻可謂大獲全勝。

不過，可別以為宋朝女性提訴訟要離婚的事只存在於小說中，就連才女李清照也曾經歷過。李清照與第一任丈夫趙明誠的幸福曾經羨煞旁人。可惜好景不常，靖康年間，李清照四十四歲時，金兵南下，宋朝都城陷落，宋室南遷；夫妻二人也先後南下避難，一路顛沛流離，苦不堪言。不久，趙明誠病逝於建康府（今南京），獨留李清照一人。李清照一個弱女子，國破家毀，孤苦無依，如何在這亂世活下去？只好改嫁。她的第二任丈夫叫張汝舟，是南宋審計部門的一名小官。

李清照嫁張汝舟，是想找一個晚年的依靠；張汝舟娶李清照，卻別有所圖。要知道，李清照與第一任丈夫趙明誠都熱愛收藏古董，幾乎投入畢生積蓄購入藏品；當時的士人群體，也都知道趙明誠生前收藏了大量寶貝——這正是張汝舟的目的。然而，婚後張汝舟才發現，在輾轉南下的過程中，趙家收藏的珍貴古董早已丟失大半，他不由得大失所望，對李清照的態度也發生了一百八十度的轉變，開始對她又打又罵。李清照看清了張汝舟的真面目，也明白這個人不可託付終身，更不願剩餘的藏品落入這等小人之手，便想到了離婚。

宋人離婚，一般有兩種形式。首先是夫妻協商離婚，叫作「和離」。宋朝法律規定：「夫妻不相安諧而和離者，不坐。」（《宋刑統》）意思是，夫妻若因性格不合、感情不睦而協議離婚，官府不需要干預。其次則是訴諸公堂，由官府判處。李清照好歹是有頭有臉的才女，即便離婚，當然也希望能體面一些；因此，她選擇先跟張汝舟坐下來好好商量。這裡讓我們合理演繹一下兩人談離婚的情景——

李清照：「汝舟，想必你已知道，我並不是你想要的人。」

張汝舟：「你什麼意思？直說吧。」

李清照：「我們離婚吧。」

張汝舟：「不離。我堅決不同意。」

李清照：「唉，你為何定要如此呢？」

張汝舟堅決不肯離婚，也不知他是何居心。眼見和離的路走不通，李清照也只能讓官府來判決。但中國古代畢竟父權至上，如果丈夫堅決不同意，官府也不會輕易批准女方的離婚請求——除非女方能夠拿出有說服力的理由。

宋朝法律允許已婚女性在幾種情況下，可以與丈夫離婚，而且即便丈夫不同意，官府也會依法判離。例如，丈夫外出三年不歸；丈夫帶著財產離家，導致妻子生活無法自給；丈夫犯罪，被判押赴外地服刑，妻子不願跟隨；丈夫將妻子僱給他人為奴婢，或強迫妻子為娼；妻子被丈夫的同居親屬性侵（未遂亦同）等。

看起來，張汝舟並不符合上述的任一情況，那麼，李清照該怎麼辦呢？她用了一個很妙的辦法——跑到衙門，向官府揭發了張汝舟掩蓋多年的犯罪事實：「民婦李清照，狀告丈夫張汝舟偽造履歷，騙得功名。」

原來，宋朝的科舉考試有一項政策：屢考不中的舉子，應考達到一定次數，可以得到朝廷優待，賜予進士出身。張汝舟考不中進士，又想撈到一官半職，於是謊報應試次數，騙取功名。這個祕密外人不知情，但枕邊人李清照是知道的。

結果，張汝舟被開除公職，並被押送到柳州服役。根據「丈夫在外地服刑，妻子可以提離婚」的法律規定，李清照終於如願以償。我想，張汝舟被押解上路的那一刻，應該很想對李清照說一句：「算你狠！」

妻子要求離婚而丈夫最後不得不同意的事例，在宋朝還真不少見；原因也很多樣，有因為丈夫得病的，有嫌棄丈夫落魄、貧窮的，還有覺得丈夫長得醜的。

讓我再說一個小故事。北宋末，有一個叫章元弼的讀書人，是蘇軾的「超級鐵粉」，凡是蘇軾的文章，他都要找來拜讀。他的妻子姓陳，長得非常漂亮，但章元弼愛蘇軾勝過妻子，常常徹夜不眠讀蘇軾的文章，冷落妻子。妻子本來就對他不大滿意，因為他長相醜陋，現在又被冷落，便提出離婚：「章元弼，我要跟你離婚！你去跟蘇軾結婚吧！」章元弼當然不可能跟蘇軾結婚，卻不得不同意與妻子離婚。

所以，宋朝時，女性主動提離婚並不是個案，因為我們不但可以找到很多相關例證，還能在宋代法律中看到對女性離婚權的承認；甚至，我還在史料中看到一個宋朝人的抱怨，他說：現在的婦女啊，太不像話了，簡直將丈夫的家當成客棧，「偶然而合，忽爾而離」（《嘉定赤城志》），想來就來，想走就走。

顯然，宋朝女性主動離婚的現象，已經引起了當時一些男性的強烈不滿；但以今天的角度來看，這正是她們的社會地位並不那麼低下的體現。歸根結柢，不論哪個朝代的女性，都不應該成為男人的附屬品。雖然宋朝社會仍然重男輕女，但女性在某些婚姻不幸的情況下可以主動提出離婚，並得到法律支持，已經是一種進步。

宋朝女性有獨立財產權嗎？

許多人會覺得，中國古代女性沒有法定財產權，也分不到遺產。真是如此嗎？讓我說三個故事，你就知道了。

第一個故事發生在北宋。有一戶士大夫家庭，是宋初名臣之後，家境富裕，但主人非常吝嗇。他把家中財物全部鎖在倉庫裡，不讓任何人使用；自己則隨身攜帶倉庫鑰匙，睡覺時就放在枕頭下。有一日，這個吝嗇鬼生了一場大病，昏睡不醒，兒子趁機偷走鑰匙，打開倉庫，將父親的財物一搶而光。吝嗇鬼醒來後，摸不著枕頭下的鑰匙，頓時被活活氣死。他的子孫倒也不傷心，只顧著將搶到的家產藏起來，卻因為分產不均，幾兄弟打起了官司。

大哥：「法官明鑑啊，財產是我的。」

二哥：「法官，他因為是哥哥就搶我財產，請法官做主啊。」
法官：「嗯，待我細細審來。咦，誰在擊鼓？」
公人：「是庭下原告、被告幾兄弟的妹妹。」
眾兄弟驚訝問道：「妹妹？她來幹什麼？」

原來吝嗇鬼的女兒也手持狀紙，跑到衙門，狀告她的兄弟：「父親留下的遺產，也有我一份，那是我應得的嫁妝，哥哥和弟弟不能侵占。請法官主持公道。」

這個故事是司馬光說的：「嘗有士大夫，其先亦國朝名臣也，家甚富而尤吝嗇，斗升之粟、尺寸之帛，必身自出納，鎖而封之。晝而佩鑰於身，夜則置鑰於枕下。病甚，困絕不知人，子孫竊其鑰，開藏室，發米笥，取其財。其人後蘇，即捫枕下，求鑰不得，憤怒遂卒。其子孫不哭，相與爭匿其財，遂致鬥訟。其處女蒙首執牒，自訐於府庭，以爭執資，為鄉黨笑。」（《家範》）

司馬光講這個故事，是為了告誡家人，士大夫應該以書禮傳家，不可讓子孫「惟知有利，不知有義」，但我們卻可以從中得到額外資訊：吝嗇鬼的女兒敢跑到府衙要求分財產，說明至少有一部分宋朝女性已經認識到，繼承父產是自己應得的權利，且此行為受法律保障，也會得到法官支持——否則，為何還要去打官司？

第二個故事發生在南宋，是載於《名公書判清明集》的一個判例：巴陵縣有個姓石的少女，已有了婚約，不過尚未成親。石氏父母早亡，沒有留下什麼遺產，她的叔叔可憐這個姪女沒有像樣的嫁妝，便送了她一塊田產，作為陪嫁田。

石氏得到一份田產陪嫁，心裡當然很高興，便與她的親哥哥石輝商量，將這塊田賣掉換成現金，好添置一些嫁妝。石輝答應了下來，很快便找到買家，以四百貫錢的價格將田賣出。然而，面對這筆橫財，石輝起了貪念。原來，石輝其實是一個好吃懶做的無賴，之前因為吃喝玩樂，欠下一屁股債，現在手裡拿著四百貫錢，豈能不動心？於是，他沒有將錢交給妹妹，而是據為己有，用來還債。

石氏拿哥哥沒辦法。她的未婚夫廖萬英聽到消息非常生氣，跑上門來，要求未來的大舅子還錢：

廖萬英：「大哥，那四百貫錢是阿石託你賣陪嫁田所得，你應該還給我們。」

石輝耍賴：「這是我們石家的事，與你何干？」

廖萬英：「阿石是我未婚妻，她的陪嫁田，自然要帶到我家，怎麼與我無關？」

但石輝堅持不還，廖萬英只好將他告到官府。最終，法官的判決是：「石輝，你作為兄長，父母不在，長兄為父，妹妹要出嫁，你本來有責任為妹妹準備嫁妝，可你非但沒掏一毛錢，還霸占叔叔助嫁的田產，你丟不丟人？廖萬英，你男子漢大丈夫，卻盯著未婚妻那點嫁妝，羞不羞啊？現在鬧上法庭，就算你得到了嫁妝，但親戚之間的感情已難以修補，請反省你的做法！」

法官把兩個男人一通臭罵，看似各打五十大板，但在判決時，卻認可廖萬英的訴求：廖萬英有權要求石輝歸還未婚妻的陪嫁田；石輝則必須贖回田地，還給妹妹與妹夫。之所以有這樣的判決結果，是因為宋朝法律明確賦予「在室女」（未嫁的女兒）從娘家繼承財產的權利：「已嫁承分無明條，未嫁均給有定法」（《名公書判清明集》）。按照南宋時的法律，未婚女兒可以繼承的財產份額，是她兄弟所繼承財產的二分之一。

一般來說，尚未成親的女兒在出嫁時，她從娘家所分得的財產，就作為嫁妝帶到夫家。說到宋朝女性的嫁妝，那可不僅僅是幾件金銀首飾或幾擔可以挑著走的財物，宋朝厚嫁之風盛行，因此田產、房產等不動產也十分常見。

宋朝人訂親之後，男女雙方要交換婚帖，這筆陪嫁的財產，便會非常詳細地列在女方送給男方的婚帖上：現金多少貫錢、金銀多少兩、田產多少畝、房子多少間等等。而這筆嫁妝帶到夫家後，「名義上」歸夫妻共同所有，但實際上，嫁妝的保管與支配權由妻子掌握；丈夫如果擅自動用，可是會受人非議：「這男人真沒出息，連妻子的嫁妝也拿去用。」

宋朝人習慣將女方的陪嫁財產稱為「奩產」。奩，指古代女子存放梳妝用品的箱子，因此，「奩產」指的就是女子私人財產。在某些情況下，女方可帶走奩產：夫妻離婚時，女方未犯「七出」之條；改嫁時未有子女或攜子改嫁，也允許女方帶走奩產。至於哪些財產屬於奩產？當初的婚帖上寫得清清楚楚，若是鬧上衙門，便可以證明財產的歸屬權。所以，宋朝女子的婚帖，可說是「婚前財產證明書」——這下，你可以理解為什麼宋朝人要在婚帖上寫下嫁妝明細了吧。

如果你難以相信宋朝女子離婚或改嫁時能帶走她的個人財產，那讓我再說第三個故事，也是載於《名公書判清明集》的判例。

南宋時，有一個叫吳和中的士子，家道殷實，只是結髮妻子早逝，留下一個七歲的兒子，叫吳汝求。後來，吳和中娶了一位年輕的繼室，姓王。王氏經常煽動丈夫用家中餘財購買田地、房產，再將之登記為她的奩產。就這樣，吳和中把許多財產都變成了妻子的。幾年後，吳和中去世，王氏便帶著她的奩產改嫁他人。

這時候，吳和中與結髮妻子所生的兒子吳汝求已經長大成人，但他是一個敗家子，不消幾年，就將父親留給他的遺產揮霍殆盡。這時，吳汝求想起父親生前買給繼母的房地田產，便跑到衙門，狀告繼母侵奪吳家家產，要求歸還。

法官的判決說：「財產的歸屬，以契約文書為憑。王氏帶走的財產，既然寫明是奩產，那就是她的私人財產，不是吳家的家產。依法，王氏有權帶著她的私產改嫁。」所以，吳汝求的訴訟請求被駁回。不過，考慮到吳汝求如今連個棲身之所都沒有，法官又對王氏說：「請你以前夫為念，將吳和中生前購置的一處宅子，讓給吳汝求居住，但你仍可保留所有權。如此，你們母子的情分得以兼顧，吳老先生泉下有知，也能瞑目。」

從上面三個小故事我們可以知道，宋朝女性是享有一定財產權的：未出嫁時，可以從娘家那裡得到一份奩產；出嫁時，帶著奩產進入夫家，且具有奩產的支配權；如果將來離婚或改嫁，還可以帶走奩產。

沒想到，就連現代夫妻都不一定會約定的「婚前財產證明」，卻早在宋朝就以「奩產」的方式劃分得清清楚楚。是不是覺得有點驚奇？

廚娘：宋朝的當紅女廚師

以前看金庸先生的《射鵰英雄傳》，印象最深的是黃蓉做菜的功夫，她隨便燒幾個小菜，就把洪七公饞得口水直流。為了吃到黃蓉做的菜，洪七公只好將「降龍十八掌」傾囊相授給黃蓉的心上人郭靖。

黃蓉是宋朝女子，宋朝女子真的這麼擅長做菜嗎？是的！宋朝有一群女廚師，人稱「廚娘」，廚藝十分高超，燒出來的菜色香味俱全，你要是有幸吃到，包准會把自己的舌頭都吞下去。

來，擦擦口水，讓我先講一個關於宋朝廚娘的故事，出自南宋人廖瑩中的筆記《江行雜錄》：南宋後期，也就是武俠小說中黃蓉生活的時代，有一個告假回鄉的太守，聽說都城臨安的廚娘廚藝一流，便託朋友幫他物色一名，還說只要手藝好，費用高一點也沒關係。

很快，這位朋友便找到一位廚娘，是一名二十餘歲的妙齡女子，長相漂亮，舉止大方，知書識禮，氣質優雅，太守很是滿意。過了幾天，太守準備請幾位朋友來家裡吃頓飯，廚娘於是主動請纓：

廚娘：「這頓飯，讓我來試廚吧。」

太守：「明日不是大宴，不用太鋪張，做幾道家常小菜就可以了。」

廚娘：「曉得。我先給您擬一份菜譜。」

廚娘當即取來筆墨紙硯，寫下菜譜及所用食材：「羊頭簽」五份，合用羊頭十個；「蔥齏」五碟，合用青蔥五十斤。「蔥齏」是什麼？是用蔥切成細段，澆上酒和醋做成的蘸料；「羊頭簽」又是什麼？可不是今天的「牙籤羊肉」，而是羊肉捲——用豬網油將羊頭肉捲起來，熱油炸至焦黃，便是極美味的「羊頭簽」。

奇怪的是，五份「羊頭簽」、五碟「蔥齏」，卻要用到十個羊頭和五十斤青蔥，實在不合常理。太守心中疑惑，但因廚娘初來乍到，不好點破，便讓廚娘且去辦理，同時派人暗暗監視廚娘到底怎麼做菜。

次日，廚娘從帶來的箱子中取出全套廚具，鍋碗瓢盆一應俱全，全是金銀做成，一看就知高檔。廚娘挽起袖子、穿上圍裙，開始切羊肉：只見她動作俐落，一個羊頭，只剔出兩塊臉肉留用，其他部位都扔掉。幫廚的夥計看了覺得奇怪：

夥計：「這……是不是太浪費了？」

廚娘：「按我們廚娘的標準，一個羊頭只有兩塊臉肉可做『羊頭簽』；其他部位，是味蕾未開發過的人吃的。」

夥計聽了瞠目結舌：「這……原來如此。」

剔好羊頭肉，廚娘又動手切蔥：所有的蔥都剝掉鬚葉，只挑最裡頭嫩黃的一段切碎，用酒與醋浸泡，做成蘸料——怪不得要用掉五十斤蔥。至於其他菜式，同樣做得十分精美。晚宴上，太守宴請的客人吃得直咂舌頭。

客人紛紛說道：「這廚娘到底是從哪聘請的啊？做的菜這麼美味。」

太守也覺得特別有面子：「這位廚娘是我特意從都城請來的。手藝還行吧？」

客人說：「真好真好……」

撤席後，廚娘出來拜謝太守：「今日試廚，賓客吃得滿意，請太守賞錢。這是廚娘界的例規。」

那麼，按照例規，備一次宴席要賞廚娘多少錢呢？通常是二、三百貫，相當於當時受薪階級約一年的收入；換算成新台幣，少說也是十餘萬元，可不是一個小數目。太守不願被人小看，只好破費賞了廚娘一大筆錢。然而過了兩個月，太守實在吃不消這樣的開銷，就狠心將廚娘辭退了，私下還忍不住向朋友抱怨：「這麼昂貴的廚娘，若非大富大貴之家，哪裡用得起？」

故事裡的太守之所以用不起頂級廚娘，是因為他還不夠有錢。在宋朝，家中聘有廚娘，是成功人士的標誌；能吃到廚娘做的菜，也是有口福的體現。看宋朝留下來的各種「備宴圖」就會發現，那些為富貴人家備宴的廚師，通常都是廚娘。

因為廚娘極受歡迎，所以宋朝人家非常重視培養女兒的廚藝。這種風氣是從唐朝傳下來的，尤其在嶺南一帶，特別風行，且貧富皆然。如此長大的女兒，未必擅長做針線活，但燒菜的功夫肯定了得，所以上門請求婚聘的媒人非常多，將門檻都踏平了。

我在讀《射鵰英雄傳》時，心裡一直有個疑惑：黃蓉這麼好的廚藝，到底是跟誰學的？她父親黃藥師固然琴棋書畫、醫卜星相無所不精，刀工廚藝想來也是一流，但是，「富養女兒，教詩書很正常，教廚藝卻不大可能」——會這麼想的朋友，可能不了解宋朝的社會風氣：宋朝京城一帶，有「重女輕男」之風。宋人是這麼說的：「京都中下之戶，不重生男，每生女則愛護如捧璧擎珠，甫長成，則隨其姿質教以藝業。」（《江行雜錄》）意思是說，京城的中下層市民，如果生了男孩，不怎麼重視，也不會盡力培養；但若是生了女兒，則視為掌上明珠，非常愛護，等女兒稍大，便根據女兒的資質，請名師教她們茶藝、廚藝、琴棋書畫等各種才藝。

為什麼宋朝人家會這麼重視培養女兒才藝？因為女兒有了一技之長，長大後就有機會被富貴人家聘為「針線人」、「雜劇人」、「廚娘」等職，也就是私人高級服裝設計師、女藝人和前述的女廚師——在宋朝，最優秀的服裝設計師，是女性針線人；最優秀的廚師，也是廚娘。

古代社會普遍重男輕女，不過在某些時期、某些地方，又有「重女輕男」的現象。白居易的〈長恨歌〉中寫道：「楊家有女初長成，養在深閨人未識。天生麗質難自棄，一朝選在君王側。……姊妹弟兄皆列土，可憐光彩生門戶。遂令天下父母心，不重生男重生女。」楊家女兒楊玉環，天生麗質，被選入宮成了貴妃，集三千寵愛於一身，家中兄弟姐妹也隨之飛黃騰達，讓天下人都很羨慕；許多人家因此不想生男孩，而是希望生個楊玉環那樣的女兒，有朝一日也能被選進皇宮，讓家族沾光。這是唐朝社會出現「重女輕男」的原因。

唐人重生女，是希望女兒入宮受寵於皇上；相比之下，宋人重生女，則反映了在一部分經濟發達的地區，女性可以獲得令人羨慕的就業機會。我覺得這是社會進步的表現。

宋朝女性穿著很保守嗎？

許多朋友認為唐朝社會風氣自由，原因之一是唐朝仕女畫上的女性，通常身材豐滿、服裝開放，如果社會風氣保守，怎麼能容忍這樣的穿著？而到了宋朝，受程朱理學影響，女性的穿著風格開始變得非常拘謹——事實真是如此嗎？

我讀過一篇孟暉老師考據宋人生活的文章，文中提到，宋代女性的穿搭全都在學晚唐：內裡是抹胸，外面搭配一件對襟的長衣。中國古代的絲綢業發達，夏天時大家就穿輕紗和羅衫，臂膀可以透出來。

我還讀過李清照的一闋〈點絳唇〉：「蹴罷秋千，起來慵整纖纖手。露濃花瘦，薄汗輕衣透。見客入來，襪劃金釵溜。和羞走，倚門回首，卻把青梅嗅。」詞中所描繪見客害羞的少女，身上穿的輕衫很薄，出一點微汗便濕透了，露出雪白的肌膚來。不只如此，李清照還有一闋〈一剪梅〉寫到：「輕解羅裳，獨上蘭舟。」羅裳，就是薄薄的羅衫，宋朝女子可以穿這樣的衣服出遊，如果覺得熱，還可以脫下來。

倘若我們有機會詢問李清照平日穿的是什麼衣服，她會回答：羅衫、褙子、抹胸、裙、褲。羅衫剛才說過了，那褙子又是什麼？褙子是一種上衣，直領對襟，兩腋之下開衩，衣裾短者及腰，長者過膝。上海博物館收藏的一幅宋畫〈歌樂圖〉卷，畫中女藝人穿的就是紅色的褙子。褙子是宋朝最流行的上衣款式，如果我們有機會到宋朝的城市走一遭，就會看到滿街女性不分貧富，都穿著褙子。而在宋朝之前，褙子尚未成為時尚，南宋哲學家朱熹便曾與他的朋友討論過服飾的演變。

朱熹：「前代女性，沒有穿褙子的。」

朋友：「女性不穿褙子，那穿什麼上衣？」

朱熹：「大衣。」

路是人走出來的，褙子時尚也是人穿出來的，後來朱熹制定女性禮服，便將褙子列為其中之一；而宋朝之後，褙子就退了流行。所以，假如我們能夠穿越回過去，看到一群身穿褙子的女性走過來，那她們很可能就是宋朝女子。

如果我們再仔細瞧瞧還會發現，這群宋朝女子上身穿的褙子並沒有扣上，微微敞開，露出裡頭的一件抹胸，也就是女性的內衣。貼身一件抹胸、外套一件褙子，褙子不扣，讓內衣成為外衣的一部分——在宋朝，這是很常見的穿搭方式，稱為「不制衿」；換成現在的說法，就是「內衣外穿」。

可別以為「內衣外穿」是當代女性限定的時尚，宋詞中便有不少相關的描寫。比如有一位叫毛滂的北宋詞人，聽女藝人彈唱琵琶曲，寫了一闋〈蝶戀花〉：「聞說君家傳窈窕。秀色天真，更奪丹青妙。細意端相都總好，春愁春媚生顰笑。瓊玉胸前金鳳小。那得殷勤，細托琵琶道。十二峰雲遮醉倒，華燈翠帳花相照。」那句「瓊玉胸前金鳳小」，說的就是女藝人身上，繡著小小金鳳圖案的抹胸。詩人為什麼知道女藝人穿了一件繡有金鳳圖飾的內衣？正是因為按宋朝社會的時尚，女子內衣是可以露出來的。

宋朝女性的抹胸，通常繡有花卉、鴛鴦等圖案，北宋理學家程頤的伯祖母則有一件是「珠子裝抹胸，賣得十三千」（《伊川先生文集》），用珍珠作裝飾，價值十三貫錢，相當於今日的數千元。內衣這麼講求美觀，自然是因為內衣可以外穿，夠漂亮才顯得大方得體。

南宋初，有一個叫曹中甫的服裝設計師，他縫製的抹胸非常精美。某日，他完成一件新作，圖案是一幅刺繡山水：用彩絲繡出朦朧月色、青綠錦樹、淡淡遠山，山上雲霧繚繞。曹中甫將這件抹胸送給友人陳克。讓我們想像他們的對話——

曹中甫：「陳克兄，這件抹胸還算精緻，送給嫂夫人。」

陳克：「那我替拙荊謝謝曹郎啦。」

曹中甫：「不必客氣，寶劍贈英雄，紅粉贈佳人。」

陳克收下抹胸後，寫了一首詩回贈曹中甫，題目就叫〈謝曹中甫惠著色山水抹胸〉。在這首詩的前半部分，陳克讚美了曹中甫的手藝：「曹郎富天巧，發思綺紈間」，後半部分則替妻子感謝曹中甫贈送禮物：「我家老孟光，刻畫非妖嫺。繡鳳褐顛倒，錦鯨棄榛菅。」孟光是「舉案齊眉」典故中的女主角，詩人用來代指妻子，意思是說，我家那位娘子，穿上這麼漂亮的抹胸，有點自慚形穢啊。

羅衫、褙子、抹胸，是宋朝女性常穿的上衣，那麼下著呢？自然是羅裙與褲子。一般來說，市井女性、農村女子習慣穿褲子，大家閨秀則習慣在褲子外面加一件裙子。不過，穿裙子也有不方便的時候，比如乘馬出行。為了解決這個問題，宋朝人發明了兩種比較特殊的裙子，一種叫「旋裙」，前後開衩，便於乘馬、騎驢；一種叫「趕上裙」，又叫「上馬裙」，顧名思義，也是一種可以穿著上馬的裙子。

假如我們在宋朝京城旅行，看到東京大街上有一位年輕女子，穿著旋裙，一件褙子微微敞開、露出貼身的繡花抹胸，騎著一頭小毛驢緩緩經過，請相信，這的確是宋朝常見的女性形象。

一個社會如果保守、封閉，女性的服裝也必定呆板拘束。看清代的仕女畫就會發現，清朝畫師筆下的女性形象，幾乎都是削肩、瓜子臉，體態纖細，頭部與身體比例失調，看上去弱不禁風，服裝也多為冷色調的青色、藍色。其中表現出的審美傾向，反映了明清時期女性受禮教束縛加深的跡象。女性的服裝，有時候真的可以作為評判社會開放度與寬容性的指標。

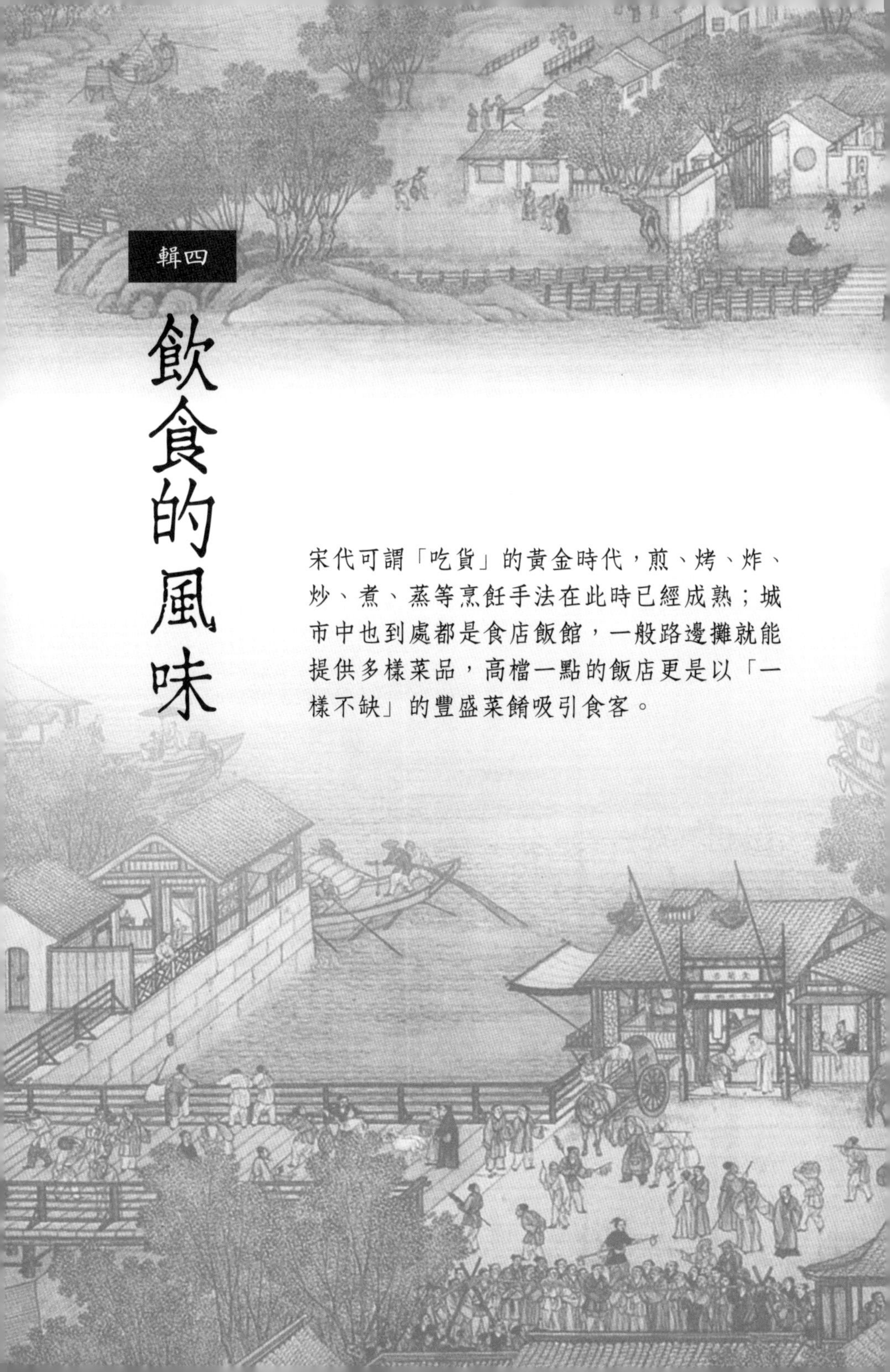

輯四

飲食的風味

宋代可謂「吃貨」的黃金時代，煎、烤、炸、炒、煮、蒸等烹飪手法在此時已經成熟；城市中也到處都是食店飯館，一般路邊攤就能提供多樣菜品，高檔一點的飯店更是以「一樣不缺」的豐盛菜餚吸引食客。

茶坊裡的暖心事

宋代還沒有咖啡，不過，城市中滿大街都是茶坊，就如今天的咖啡廳。如果你想找一個地方與朋友敘敘舊，茶坊是一個好去處。

宋神宗時，有一個姓李的讀書人，是福建邵武縣（今福建邵武市）人，寓居京城。一天，李生在市肆碰到一位多年未見的故交，覺得非常高興。

李生：「兄弟，別來無恙！」

友人：「真想不到能在京城遇到李兄」。

李生：「人生何處不相逢。來，咱們找個地方敘敘舊。」

當下，李生就拉著朋友，進了樊樓旁邊的一家小茶坊。這家茶坊雖小，卻甚潔淨，桌椅、器皿都很講究。這樣的茶坊，在北宋的東京或南宋的臨安都非常多，以至於宋朝人用「處處各有茶坊」（《夢粱錄》）來形容。

南宋有幾部介紹臨安市井風情的筆記，如《武林舊事》、《夢粱錄》，其中就記錄了城中最知名的幾個茶坊：保佑坊北的「朱骷髏茶坊」、張賣麵店隔壁的「黃尖嘴蹴球茶坊」、中瓦內的「王媽媽家茶肆」，又名「一窟鬼茶坊」，還有清樂茶坊、八仙茶坊、珠子茶坊……。光聽這些茶坊的名字，像「朱骷髏」、「一窟鬼」，就讓人覺得十分好奇，很想進去喝盞茶體驗一下。

不過要注意的是，宋朝茶坊雖多，卻不能亂入，因為這些茶坊又分不同的檔次、類型，有一些「花茶坊」是浪蕩少年尋歡作樂的地方，良家子弟可不該進去。

如果你穿越到宋代，向一位宋朝女子請教一些關於茶坊的問題，我想應該會有這樣的對話——

你：「小姐，宋朝茶坊究竟有哪些類型？」

女子：「有大眾茶坊，茶水便宜，是家事服務仲介聚會的地方。你家要是想請保母，可以到這類茶坊。」

你：「宋朝茶坊還有這功能？不錯不錯。」

女子：「還有文藝茶坊，是富家子弟、男女文藝青年學習樂器歌曲、舉辦藝術沙龍的場所。」

你：「我覺得李清照會經常光顧這類茶坊。」

女子：「李清照是女子，她也可以去仕女茶坊，那是專門接待女賓的。」

你：「仕女茶坊？真的嗎？」

女子：「是的，北宋東京城舊曹門街，有一個北山子茶坊，內有仙洞、仙橋，逛夜市的仕女經常在那裡吃茶。」

你：「還有什麼茶坊？」

女子：「還有一種比較清雅的茶坊，是士大夫會友的地方。南宋臨安的一窟鬼茶坊、大街車兒茶肆、蔣檢閱茶肆，都屬此類。」

你：「花茶坊又是什麼茶坊？」

女子：「花茶坊的樓上有娼妓，非君子駐足之地也。」

不管是哪種茶坊，只要是有點規模的，都很注意裝潢擺飾，會在店內陳列花架、擺放奇松異檜等盆景，或是「插四時花，掛名人畫」（《夢粱錄》）。我們現在只能在博物館看到傳世的名家書畫，但在宋朝，你到茶坊喝碗茶，就能欣賞到名人的書畫作品；不過宋朝藝術界的大師，對茶坊裡張掛的名家書畫卻有點瞧不上眼。比如北宋大書法家米芾就說過：「今人畫亦不足深論……崔白……之流，皆能汙壁。」（《畫史》）崔白是宋代藝術圈的紅人，他的畫放到現在可是博物館的鎮館之寶。

今天的咖啡廳，菜單上拿鐵、摩卡、瑪奇朵，品項繁雜，而宋朝茶坊相比之下毫不遜色：蔥茶、姜茶、鹼子茶、七寶擂茶、鹽豉湯，總有一款適合你。

高級的茶坊還有歌伎「靚妝迎門，爭妍賣笑，朝歌暮弦，搖蕩心目」（《武林舊事》）。宋朝的歌伎，就是表演音樂節目的女藝人。這類茶坊要價不菲，進門入座，便有漂亮的女服務生「提瓶獻茗」（《武林舊事》），若接過來喝，是要給小費的，從十幾文到幾十文錢不等。這種高級茶坊賣的並不是茶湯，而是格調或身分階級。

在宋朝茶坊裡，不但可以喝茶，還能欣賞到各種節目，比如南宋臨安的「黃尖嘴蹴球茶坊」，以蹴鞠表演賽聞名；嘉會門外一家茶肆，則有駐店藝人講史、說書、演唱樂曲。

不過，我對宋朝茶坊印象最深刻的地方，不是新奇的店名、清雅的裝飾或精彩的節目，而是茶坊主人的誠信經營。讓我說一個發生在宋朝茶坊的暖心故事，出自宋人王明清的筆記《摭青雜說》。

這得說回開頭李生和朋友在茶坊敘舊的故事。當時李生懷裡帶了一包幾十兩的黃金，是回家的盤纏。喝茶聊天時，李生覺得有點熱，便將外衣脫下，裝著金子的包袱也擱在桌子上。在茶坊聊了大半天，李生談得興起，便提議再到樊樓喝幾杯。樊樓是東京城最繁華的大酒樓，是招待客人的好地方，正好在這家小茶坊的隔壁。但兩人走得急了，竟然忘記帶走包袱。

他們在樊樓喝酒，喝到下半夜，樊樓即將打烊了，李生才猛然想起：白天在茶坊喝茶，落下了一包金子。但此時已是深夜，李生心想，茶坊裡人來人往，金子想必早就被別人拿走，尋不回來了，便沒有到茶坊詢問。

過了幾年，李生重遊東京，又和友人到那家茶坊喝茶，想起往事，忍不住向友人感嘆：

李生：「我往年在此，曾丟失一包金子，自謂狼狽凍餒，不能回家，想不到今天還能舊地重遊。」

這話剛好被茶坊主人聽到了，他便上前行禮詢問：「官人說什麼事？」

李生：「三、四年前，我曾在貴肆吃茶，遺下一包金子，當時因被朋友拉去樊樓喝酒，不曾拜稟。」

茶坊主人：「您遺下的包袱，我當時也發現了，只是您走得急，人潮中不可辨認，只好將包袱暫且保管下來，只道您次日必會來取，不想一晃三、四年過去了。您的包袱我從未打開，手感沉重，想來應是黃白之物。你且說說裡面金子的塊數與重量，如果相符，我取來還您。」

茶坊主人當下取了一架梯子，登上一間小棚樓，李生也隨著他到樓上，只見樓裡堆了很多客人遺失的物品，每件都貼了標籤，註明「某年某月某日，某色人所遺下」。樓角有一個小包袱，沒有拆開，同樣貼了標籤，正是李生當年遺失的東西。下了棚樓，茶坊主人向李生詢問包袱內的金子塊數與重量，李生回答，茶坊主人打開包袱相驗，果然一一吻合，便將金子全部還給了李生。

李生說：「太感謝您了，這裡面的金子，我分一半給您作為酬謝如何？」

茶坊主人：「不可不可，我若見利忘義，匿而不告，官人又能如何？我這麼做，是常恐有愧於心也。」

你看，這麼溫暖的茶坊，我也想約上三五知己一起去坐坐，喝一碗熱熱的茶湯，又暖胃，又暖心。

夜深燈火上樊樓

如果仔細看北宋張擇端的〈清明上河圖〉，你會發現酒樓、酒肆非常多，從城外的汴河兩岸到城內的繁華大街，處處都是。

在北宋的東京城，豪華大酒樓有七十二家，小酒樓則不計其數，其中最負盛名的大酒樓叫作樊樓，又叫豐樂樓；在南宋的臨安府，上規模的酒樓也有上百家，其中最負盛名的，是太和樓和豐樂樓。

樊樓很高，站在樊樓西樓上，可以俯視皇宮。宋徽宗建成艮嶽後，令翰林學士王安中登樊樓賦詩，留下一首〈登豐樂樓〉：「日邊高擁瑞雲深，萬井喧闐正下臨。金碧樓臺雖禁籞，煙霞岩洞卻山林。巍然適構千齡運，仰止常傾四海心。此地去天真尺五，九霄歧路不容尋。」誇張地形容樊樓離天只有「尺五」的距離。

樊樓也很大，宋朝人說樊樓「乃京師酒肆之甲，飲徒常千餘人」（《宋人軼事匯編》）。一位不知名的南宋詩人在太和樓的牆壁題了一首詩：「太和酒樓三百間，大槽晝夜聲潺潺。千夫承槽萬夫甕，有酒如海糟如山。……皇都春色滿錢塘，蘇小當壚酒倍香。席分珠履三千客，後列金釵十二行。」（〈題太和樓壁〉）直譯的意思是：太和樓有三百個包廂，每日可接待貴客三千人，酒樓聘僱了很多漂亮的歌伎待客，當壚賣酒的大堂經理就是一位「酒不醉人人自醉」的美豔歌伎。能讓詩人做出這樣的描述，太和樓的規模想必是非常大的。

如果我們到宋朝的東京或者臨安旅遊，一定要登上樊樓或太和樓，感受一番大宋都市的繁華；要是運氣好，說不定還能在樊樓免費吃上一頓美酒——有這樣的好事嗎？讓我說一個南宋筆記《齊東野語》記載的有趣故事。

北宋時，有一天，樊樓來了一個風度翩翩的客人，叫作沈偕，是湖州的富二代。他來京師遊太學，聽說東京的頭牌歌伎蔡奴國色天香，名滿京城，便買了一大把珍珠，撒在蔡奴家的屋頂上。蔡奴在門簾後看見沈偕出手這麼闊綽，大吃一驚。幾天後，沈偕登門拜訪，婢女趕緊跑入內宅報告蔡奴，蔡奴便「接之甚至，自是常往來」。

一日，沈偕來訪。

沈偕：「久聞姐姐大名，特來拜會。今日請姐姐上樊樓吃酒。」

蔡奴：「小官人有此雅興，奴婢自當作陪。」

沈偕便帶著蔡奴，登上樊樓飲酒。沈公子很高興，對座上所有客人說：「大家盡歡，今晚我請客。」歡飲到深夜，沈偕果然替大家都買了單。

像沈公子這麼炫富的，現今也少有。這種土豪請客的美事，當晚在樊樓碰上的人肯定很高興；不過即便不能碰上這等好事，在宋朝酒樓喝酒，也絕對是一種享受，因為宋朝酒樓的服務非常周到。

讓我再說一個《警世通言》記述的故事，讓大家見識一下何謂宋朝式的服務。

南宋時，成都有一個讀書人，叫作俞良，到臨安府赴考，沒想到名落孫山，身上帶的盤纏也花得差不多了，連客店的住宿費都拿不出來。客店老闆見他可憐，送了他兩貫錢，讓他趕緊回家。但兩貫錢回不了成都，俞良便破罐子破摔，心想：與其流落街頭，不如先吃頓好的，然後跳下西湖，且做個飽死鬼。

西湖邊有一家酒樓，乃南宋人懷念東京樊樓而建，因此得名「豐樂樓」。俞良走上前去，只聽酒樓裡「笙簧繚繞，鼓樂喧天」。大門口站著兩個夥計，拱手向俞良行禮：「客官請進。」俞良見請，欣然而入，上樓揀了一個臨湖的包廂坐下。

只見一個酒保過來，向他唱個喏：「客官，不知要打多少酒？」

俞良撒了個謊：「咳咳，我約一個朋友來喝酒。你可將兩雙筷子放在桌上，鋪下兩隻酒盞，等一等再來問。」

酒保將酒缸、酒提、匙、箸、盞、碟，一一放在他面前。宋朝的豪華酒樓，所用酒器都是金銀，不用瓷器，以顯客人的尊貴。俞良見著一桌銀器，心想：「好一個富貴去處，我卻落得這般遭遇，只有兩貫錢在身，做什麼用？」

過了一會兒，酒保又來問：「客官要多少酒？我給您打來。」

俞良：「我那個朋友，眼見不來了，你與我打兩角酒來。」

酒保：「客官要點什麼下酒？」

俞良：「隨便上一點就行。」

酒保便給他送來了新鮮果品、可口餚饌、海鮮，鋪排面前，般般都有；又用一個銀酒缸盛了兩角酒，放一把杓，將酒燙熱，請俞良慢用。俞良獨自一人，從晌午前直吃到晚上，酒足飯飽，推開包廂的窗戶，要跳湖自盡。但一看深深的湖水，又失去了勇氣，便解下腰帶，準備上吊，卻被酒保撞見，趕緊抱住他。俞良又哭又鬧，尋死覓活，嚇得酒家也不敢收他的酒錢，還叫了兩個人，架著他送回了客店。

我第一次讀到這個故事，頗有感觸，覺得這家酒樓不但服務熱情周到，而且富有人情味。

因為酒樓服務周到、環境優美，所用酒器也精美高貴，所以宋朝人都喜歡在酒樓宴請客人。宋真宗時，東宮太子的老師魯宗道經常跑到仁和樓喝酒，然而按宋朝制度，太子的老師是不准出入酒樓的。宋真宗問他：「何故私入酒家？」魯宗道實話實說：「臣家貧，無器皿，酒肆百物具備，賓至如歸。剛好老家有親人來訪，家裡招待不周，便請他到仁和樓喝酒。」

客人在酒樓裡流連忘返，酒樓的生意自然非常火熱，幾乎二十四小時都有客人光顧。用宋朝人的話來形容：「不以風雨寒暑，白晝通夜，駢闐如此」（《東京夢華錄》），哪怕寒冬時節，甚或三更半夜，宋朝酒樓仍然燈火通明，人聲鼎沸。

南宋初，東京淪落金兵之手，迅速衰敗，一位宋朝詩人寫了一首詩，深切懷念東京酒樓夜間的繁華：「梁園歌舞足風流，美酒如刀解斷愁。憶得少年多樂事，夜深燈火上樊樓。」（劉子翬〈汴京紀事二十首〉詩其十七）這也是我最喜歡的一首宋詩。

宋朝酒樓夜間的熱鬧與喧嘩，甚至將附近的皇宮也襯托得冷冷清清。一日深夜，宋仁宗聽見宮外傳來一陣陣絲竹歌笑之聲，便問宮女：「這是何處作樂？」宮女說：「回官家，這是民間酒樓作樂。」說完，這名宮女又幽幽發了一句牢騷：「官家且聽，外間如此快活，都不似我宮中如此冷冷落落也。」

宋仁宗說：「你知道嗎？正因為我們能忍受如此冷落，外間的百姓才能如此快活。我若像他們一樣享受快活，民間便冷落了。」

面對民間市井的喧鬧，宋仁宗自覺地克制了自己也要縱情享受紫陌紅塵的慾望，甘受寂寞，因為他明白：權力保持克制，民間才能保持繁華。這是非常了不起的認識，所以我很喜歡宋朝的仁宗皇帝。你們覺得呢？

大宋名酒知多少

宋仁宗時，有一個具魏晉名士風範的士人，叫作石曼卿，平生最大的愛好就是喝酒。他有一個好朋友，叫作劉潛，也是好酒之人。他們曾相約在京城的王氏酒樓對飲，終日不交一言，只顧埋頭喝酒，從早上喝到黃昏，兩人都面不改色，最終相揖而去。次日，「王氏酒樓來了兩名酒仙鬥酒」的故事便在京城傳開。

後來石曼卿到海州當通判，劉潛前往拜訪。酒友見酒友，怎能不喝上幾杯？

石曼卿：「劉兄，咱們一醉方休。」

劉潛：「石兄，如何個喝法？」

石曼卿：「海上月色正好，我請你到船上喝。」

於是石曼卿帶了幾大甕美酒，與劉潛登上一條小船，駕船出海，在小船中喝酒，從白天喝到黑夜，直喝得天昏地暗。酒快要喝光了，兩人的酒興還未盡。

劉潛：「石兄，船上還有酒嗎？」

石曼卿：「沒酒了，只有幾壇醋。」

劉潛：「那就將醋倒入剩酒中吧。」

兩個酒徒繼續喝摻了醋的酒，直喝到第二天早上，酒和醋都喝光了，才駕船回去。放到現在，應該算是酒駕了吧？

在宋朝，像石曼卿、劉潛這樣的好酒之人是非常多的，因為宋朝是一個全民飲酒的時代，不管男女老少，都喜歡喝點小酒。不過，宋朝人喝的酒，都是溫和的黃酒，並不是高濃度的白酒，所以即便是酒量很淺的人，也可以喝一杯。

大文豪蘇軾很喜歡喝酒，且聽聽他自己是怎麼說的：「閒居未嘗一日無客，客至未嘗不置酒。天下之好飲，亦無在予上者。」（〈書東皐子傳後〉）意思是說，我平日閒居，幾乎每天都有朋友、客人來訪，每當有客人來，我都會以美酒招待。天底下的人，大概沒有比我更好酒的。

蘇軾又說：「予飲酒終日，不過五合。天下之不能飲，無在予下者。」（〈書東皐子傳後〉）意思是說，我一天喝下來，也不過五合，天底下的酒徒，沒有比我更不會喝酒的了。宋朝的五合酒，相當於今天的五百毫升左右，以低度、溫軟的黃酒來說，一整天才喝這麼多，酒量的確不怎麼樣。

蘇軾年輕時酒量更差，一看到酒杯就先醉了，用他自己的話來說，「吾少年望見酒盞而醉」（〈題子明詩後（並魯直跋）〉）。中年之後，酒量才好一點點，自稱能飲三蕉葉。蕉葉，即蕉葉盞，是最淺的酒杯，一滿杯也不過一兩左右。蘇大學士自稱一次能喝三小杯黃酒，這個酒量和我倒是差不多。

但蘇軾這個能飲三蕉葉的自述，很可能是吹牛，因為他的朋友黃庭堅曾揭穿他：「東坡自稱能喝三蕉葉，這其實是醉話，不能相信。我與他喝過酒，見他喝不到一杯，就醉倒睡著了。哈哈。」蘇軾自我辯解說：「予雖飲酒不多，然而日欲把盞為樂。」（〈飲酒說〉）意思是說，我雖然酒量不大，但我喜歡喝啊。

許多人喝醉後會發酒瘋，借酒發洩；蘇軾喝醉了，要嘛乖乖睡覺，要嘛乘著酒興寫詩填詞，我們可能都會背誦的〈念奴嬌．赤壁懷古〉、〈水調歌頭．明月幾時有〉，便是蘇軾酒後寫出來的。看來蘇軾酒品算是很好的了。

蘇軾不但好喝酒，還喜歡釀酒，常常用自釀的酒招待客人。我讀過一本宋朝傳下來的《酒經》，裡面介紹了各種美酒的釀造配方，作者正是蘇大學士本人，所以又叫《東坡酒經》。

蘇軾釀過好多種美酒，其中他最得意的一款，是用蜂蜜釀的蜜酒。他寫過一首〈蜜酒歌〉，說他釀造的蜜酒，「三日開甕香滿城」。不過，這可能也是東坡先生在吹牛，因為有一次，蘇軾用自釀的蜜酒招待朋友，結果朋友喝完後拉了肚子，蘇軾還解釋說：「是蜜水變質了、是蜜水變質了。」

要說宋朝最好的美酒，當然不是蘇軾釀的，而是出自各大酒樓的頂尖釀酒師。宋朝各個獲得釀酒許可的大酒樓，都有一至數款自釀的招牌美酒。比如北宋東京，遇仙樓出品的美酒叫「玉液」，仁和樓出品的美酒叫「瓊漿」，高陽店出品的美酒有三款，分別是「流霞」、「清風」、「玉髓」；時樓的美酒叫「碧光」，班樓的美酒叫「瓊波」，千春樓的美酒叫「仙醇」，前面介紹過的樊樓，也有兩款天下聞名的美酒，叫「眉壽」、「和旨」。

仁和樓釀造的「瓊漿」，連皇帝喝了都叫好。有一回，宋真宗在大內太清樓宴請群臣，席間君臣談笑甚歡，真宗皇帝突然好奇：

真宗：「外間哪一家酒樓的酒最佳？」

一名內侍：「聽說仁和樓的瓊漿很不錯。」

真宗：「不如買幾壇嘗嘗。」

內侍趕緊命人出宮買酒。酒買回來，真宗吩咐給在座的大臣都斟滿。大家一品嘗，果然是好酒，比皇宮大內的御酒還要好喝，真宗皇帝也很喜歡。

南宋時，馳名的美酒品牌更多，讓我寫下幾款南宋人喝的名酒：流香、勝茶、薔薇露（與當時進口香水「薔薇露」同名）、藍橋風月、萬象皆春、江山第一……這些名酒的滋味究竟如何，我們已沒有機會品嘗，不過，光聽酒名就覺得好喝。不知道你們想嘗嘗哪一種？

我特別注意到「藍橋風月」這款酒，酒名透出一股城市小資族的味道，簡直不像是古代人取的，更像現代文藝青年想出來的名字。施耐庵創作《水滸傳》時，大概也覺得「藍橋風月」的酒名很有味道，便將它寫入小說中：宋江登上江州的潯陽樓，酒保過來施禮——

酒保：「官人還是要待客，只是自消遣？」

宋江：「要待兩位客人。你且先取一樽好酒，果品肉食，只顧賣來。」

酒保聽了，便下樓去。少時，便送來一桌豐盛的時新果品、下酒菜蔬，以及「一樽藍橋風月美酒」。

「薔薇露」與「流香」則是南宋御酒庫生產的兩款御酒。陸游記錄說：「禁中供御酒，名薔薇露，賜大臣酒，謂之流香酒。」（《老學庵筆記》）由此可知，「流香」是皇帝用來賞賜大臣的酒，「薔薇露」則是特供皇室飲用的御酒，偶爾才會被賞賜給個別大臣。因此，能喝到「薔薇露」的大臣，酒後往往都要寫一首詩，紀念這次喝御酒的經歷。

高宗朝的翰林學士兼侍讀周麟之，是少數飲過「薔薇露」的大臣，便為此寫了一首〈雙投酒〉詩：「君不見白玉壺中瓊液白，避暑一杯冰雪敵。只今名冠萬錢廚，此法妙絕天下無。又不見九重春色薔薇露，君王自酌觴金母。味涵椒桂光耀泉，御方弗許人間傳。向來我作金門客，不假釀花並漬核。日日公堂給上尊，時時帝所分餘瀝。」從詩的內容來看，周麟之喝「薔薇露」的時間應該是夏天，因此酒中可能加了冰塊。一位研究黃酒的朋友告訴我，夏天喝黃酒，可在杯中投入幾顆冰鎮過、剝了皮的葡萄，味道非常好。我從前只知道冬日喝黃酒要燙熱，卻不知夏天喝黃酒可加冰，而宋人早就這麼飲酒了：「冰壺避暑壓瓊艘，火炕敵寒揮玉斗。」（周麟之〈金瀾酒〉）

相較之下，能喝到「流香」酒的南宋人，想必要更多一些。陸游可能沒有喝過「薔薇露」——如果喝過的話，他一定會寫詩記下來——，但他一定喝過「流香」，他的家裡便珍藏著一些，應該是早年皇帝賞賜給他的，捨不得喝完，一直留到晚年。晚年的陸游寫過一首〈乍晴出遊〉詩：「八十山翁病不支，出門也賦喜晴詩。小樓酒旆闌街處，深巷人家晒練時。本借微風欹帽影，卻乘新暖弄鞭絲。歸來幸有流香在，剩伴兒童一笑嬉。」詩人的年齡大了，還是喜歡喝點小酒，而最讓他念念不忘的美酒，便是家中珍藏的「流香」。

我也很喜歡「流香」這個名字。流香、流香，宋朝美酒的酒香，一直流淌在中國人的文化記憶中。

都城處處有食店

假如我們是生活在宋朝的都城人，家裡來了客人，又快到用餐時間，要留客人吃頓飯，該在哪裡吃好呢？

主人：「張兄，快到晌午，你留下吃個便飯吧。」

客人：「太叨擾李兄了，我還是先告辭，咱們改日再聊。」

主人：「不叨擾。附近新開了一家孫羊店，老闆姓孫，招牌菜是羊肉，我們到那裡邊吃邊聊，今日與張兄聊得正投機，我不能放你走，哈哈。」

客人：「也好。我也聽說東京孫羊店的『批切羊頭』、『入爐羊頭簽』連蘇軾都讚不絕口，早想著嘗嘗呢！咱說好了，今天我請客。」

主人：「這可不行。我是主，你是客，客隨主便，今天我請客。」

這是宋人生活中常見的對話，因為到飯館吃飯是宋人日常生活的一部分，宋朝的京城和大城市中，到處是飯館、食肆。有人統計過，〈清明上河圖〉中描繪了一百餘棟樓宇房屋，其中可以明確辨認出是餐飲業的店鋪就有四、五十棟，簡直是一幅「東京吃貨地圖」。所以，對宋朝的都市人來說，請客人上飯館吃飯，是非常方便的；尋常市民家裡平日也不常備菜蔬，而是習慣去餐廳或叫外送。

宋朝食店不但數量多，種類也多：有北方風味的北食店、南方風味的南食店、四川風味的川飯分茶店；有「專賣家常飯食」（《夢粱錄》）的路邊攤、有快速上菜讓人打包帶走的速食店，也有「高大上」的豪華大飯店……你可以根據口味、口袋裡銀錢的多少，挑一家合適的食店。不過你可能也會好奇，那素食者怎麼辦？

你：「我吃齋多年，不習慣吃葷菜，宋朝有沒有素菜館？」

宋人：「當然有啦。你看大街上打出『素分茶』招牌的，便是了。」

你：「素分茶？是賣茶水的吧？」

宋人：「不是。飲食店通常叫『分茶店』、『分茶酒肆』，雖賣茶、酒，主要還是吃飯的地方，有下酒菜和各種主食。所以專賣素食的，就叫『素分茶』。」

說到宋朝的素食店，不能不提北宋東京的大相國寺。大相國寺是地處東京鬧市的寺院，也是一個大集市，裡面有商店、茶坊、酒樓、飲食店，其中東西塔院提供的素食，遠近聞名，每逢齋會之日，許多東京人都要到大相國寺吃齋。前面說過，李清照與丈夫趙明誠經常到大相國寺「淘寶」，買些古董字畫，如果他們願意，當然也可以到東西塔院吃個齋飯。

除了大相國寺，宋朝城市的不少寺院都有開設對外營業的素菜館。說一件小趣事：宋神宗時，樞密院有幾位官員遊興國寺，順便討論軍事問題。興國寺的素分茶甚是精緻美味，幾個官員便走進店內，叫了幾份素食，邊吃邊聊。飯後要結帳了才發現，大夥兒都忘記帶錢了。

官員甲：「兵書上，遇到這種情況，可有什麼計策？」

官員乙：「三十六計，走為上策。」

於是，這幾個人用袖子掩著臉面，溜之大吉。堂堂朝廷命官，居然吃了一頓霸王餐，該罰！

寺院向遊客提供素菜並不奇怪，讓我有點驚奇的是，宋朝有一些寺院居然還設有葷菜館。比如東京的大相國寺，裡面有一間叫作「燒豬院」的飯店，招牌菜就是燒豬肉。主廚是大相國寺的一名和尚，法號「惠明」，手藝十分了得。

當時的翰林學士楊億，時常帶著一幫同事，跑來大相國寺的「燒豬院」吃飯。來的次數多了，便與主廚惠明和尚混熟了。這一日，楊億忍不住向惠明發問：

楊億：「你是出家人，這飯店叫燒豬院，合適嗎？你心安嗎？」

惠明：「大夥兒都這麼叫，我又有什麼辦法？」

楊億：「我幫你改個名稱如何？」

惠明：「楊學士願意給小店取名，那是最好不過了。」

楊億：「不如叫作『燒朱院』。」

北宋內廷設有「後苑燒朱所」，負責燒製紅色顏料。將「燒豬院」改為「燒朱院」，借助宮廷機構的名稱，儘管讀音差不多，但內涵確實變文雅了一點。

大相國寺的「燒朱院」以提供特色美食聞名，而若論環境之優美、服務之周到，當屬宋朝大城市裡的大飯店。宋朝東京、臨安的大飯店，店門口酒旗飄揚，表明這家飯店有美酒出售；掛著金紅紗梔子燈，打出燈箱廣告，表明這家飯店夜間也營業。從大門口進去，是一條主廊，約一、二十步長；長廊兩邊是寬敞的廳院和廊廡，整整齊齊擺著飯桌，花竹掩映；樓上則是潔淨的包廂，以盆景、名人書畫裝飾，十分雅緻。客人可以在廳院就座，也可以挑一個包廂，享受貴賓待遇。

這些飯店每天「交五更」（凌晨五點）左右便開門做生意，賣粥飯點心，一直營業到次日三更末（凌晨一點）。每當夜幕降臨，就是宋朝酒樓飯店最熱鬧、最繁華的時刻，店裡點亮無數蠟燭，燈火通明，主廊上站著數十名濃妝豔抹的漂亮歌伎，捧著美酒，熱情招呼客人，「望之宛如神仙」（《夢粱錄》）。

請注意，宋朝酒樓飯店裡的歌伎，賣藝而不賣身，她們的工作，是為前來吃飯、喝酒的客人彈奏音樂、唱唱小曲，以助雅興。

你一登門，立即便有店小二向你施禮：「客官，裡面請。」如果你只想隨便吃吃，不打算花那麼多錢，請不要上樓，在樓下散坐就行；如果你是招待客人，想吃好點，可以上樓，挑一間包廂、雅座，慢慢吃。

在包廂、雅座坐定，老闆娘也許會過來打招呼：

老闆娘：「兩位客官好面相，你們是吃飯，還是喝酒？」

食客：「既吃飯，也喝酒。」

老闆娘：「好，二位稍等。好酒好菜片刻就來。」

馬上，桌上就擺好了豐盛的菜餚，看著讓人食指大動——不知道你會不會覺得奇怪：還沒點菜呢，怎麼飯店就先上菜了？

食客：「老闆娘，這桌菜是飯店送我們吃的嗎？」

老闆娘笑出聲：「不是的，客官。這叫『看菜』，是給您看的，不能吃。」

食客又問：「看菜？那是什麼？」

老闆娘：「這位客人想必是從外地來的，有所不知。這是我們京城飯店的慣例，客人點菜之前，都會先上一桌看菜，讓客人欣賞欣賞菜品。」

食客：「不能吃？」

老闆娘：「不能吃。有些外鄉人初來乍到，不知京城的風俗，看到看菜就動筷子，那是會被人笑話的。」

食客：「幸虧我沒動筷子，要不然真讓人笑話了。」

上了看菜之後，才是正式的點菜環節。

老闆娘問：「今天不勞煩店小二，我親自為你們服務。兩位客官，今天要打多少酒，點什麼菜？」

食客：「打兩角酒，一份果品，兩碟鹹酸，四盤下酒菜。老闆娘，下酒菜有什麼推薦？」

老闆娘：「給兩位來花炊鵪子、羊舌簽、螃蟹釀棖、炒鱔，再加一盤生炒時蔬，如何？」

食客：「好極，好極。」

老闆娘：「稍等，馬上就來。」

這段對話是虛構的，但「看菜」的習俗卻真實存在。《夢粱錄》記載，客人上酒樓喝酒，「初坐定，酒家人先下看菜，問酒多寡，然後別換好菜蔬。有一等外郡士夫，未曾諳識者，便下箸吃，被酒家人哂笑」。老闆娘報出的菜名也不是我信口亂說，而是宋人筆記裡記載的宋朝頂級名菜。

點了菜，店小二撤走看菜，很快就上能吃的菜了。行菜的夥計身懷絕技，如同一名雜技高手，左手拿著三個碗，右手自肩膀至手掌疊著五六盤菜，快步走來；手上每一盤菜都紋絲不動，半點湯汁都不會灑出來，一次將客人所點的酒菜送齊。宋朝飯店夥計這份送菜的功夫，包准令你看得目瞪口呆。

如果你要加菜，隨時都可以叫飯店夥計，他們隨叫隨到；且你一點好菜，不消片刻，菜就會送上來，不容怠慢、不許失誤。同時，他們還必須熱情周到、殷勤有加，讓客人有賓至如歸的感覺。因為按宋朝飯店的慣例，夥計的服務如果出了差錯，被客人投訴，輕則會受老闆叱責、被扣工資，重則會被炒魷魚。

假如我們有機會穿越到宋朝城市，我建議你一定要到大飯店吃一頓，體驗一回宋朝式的服務——還有，別忘了給五星好評哦！

吃貨的黃金時代

我以前讀金庸的《射鵰英雄傳》，對書中一個細節印象深刻，就是郭靖與黃蓉在張家口第一次見面。靖哥哥請蓉兒吃飯，黃蓉也不客氣，點了一桌子美食：

黃蓉：「夥計，先來四乾果、四鮮果、兩鹹酸、四蜜餞。下酒菜這裡沒有新鮮魚蝦，嗯，就來八個馬馬虎虎的酒菜吧。」

店小二問：「客官愛吃什麼？」

黃蓉：「八個酒菜是：花炊鵪子、炒鴨掌、雞舌羹、鹿肚釀江瑤、鴛鴦煎牛筋、菊花兔絲、爆獐腿、薑醋金銀蹄子。我只揀你們這兒做得出的來點，名貴點兒的菜餚嘛，咱們也就免了。」

黃蓉點的這幾道酒菜，有些是金庸編出來的，有些確實是宋朝的美食，比如「花炊鵪子」、「雞舌羹」，都是宋朝的頂級名菜。在南宋初的時候，「中興四大名將」之一、與岳飛齊名的張俊，有一次在府中請宋高宗吃飯，第一道下酒菜就是「花炊鵪子」。我猜，這「花炊鵪子」大概便是紅燒鵪鶉。

而在北宋的時候，宰相呂夷簡非常喜歡吃以雞舌頭為主要食材的「雞舌羹」，每天起床後都要喝一碗。有一天，呂夷簡遊自家後花園，發現牆角堆起了一個小山包，於是叫了家丁來問話：

呂夷簡：「老張，這個山包是誰堆出來的？」

家丁：「回相公，這不是山包，是廚房殺雞留下來的雞毛。」

呂夷簡：「廚房殺這麼多雞幹嘛？」

家丁：「因為相公您每天都要吃雞啊。」

呂夷簡：「胡說！我一個人能吃多少隻雞？」

家丁：「一隻雞只有小小一根舌頭，相公一碗雞舌羹，得殺多少隻雞啊？」

呂夷簡聽了，非常慚愧，從此不再吃「雞舌羹」。

宋朝的名菜不只如此，例如前面提到張俊請宋高宗吃飯的豪華大宴，便留下了一份菜單，讓我來介紹一下：酒菜上桌之前，先上兩輪餐前小吃，第一輪有水果盤、乾果盤、蜜餞、鹹酸、臘味與醃製品，第二輪又有水果切片、時鮮水果、蜜餞、鹹酸、果子製品、臘味與醃製品。

用過餐前小吃，正式的下酒菜才端上來。這頓飯喝了十五盞酒，每一盞酒有兩個菜，所以一共有三十道酒菜，什麼羊舌簽、肫掌簽、奶房籤、三脆羹、鵪子羹、蛑蟹清羹、血粉羹、水母膾、鵪子水晶膾、五珍膾、鮮蝦蹄子膾、肚胘膾……我是流著口水寫這一串菜名的。

在喝酒時，又上了七道餐間美食，主要是各種烤肉；接著又上了十道勸酒小吃，以及十味「廚勸酒菜」，也就是廚師特別推薦的佐酒美食。這還沒完，酒菜上完，再上兩輪餐後小吃，包括蜜餞、鹹酸、時新、脯臘等等。張俊請的客人是皇帝，菜品這麼豐盛，也是可以理解的。

普通百姓上飯店吃飯，也能吃到這麼多美食嗎？能——前提是你掏得出錢。在宋朝大都市，一般路邊攤都能提供多種多樣的菜品，比如攛肉羹、骨頭羹、蹄子清羹、豬大骨清羹、魚辣羹、雞羹、雜合羹、南北羹，以及煎肉、煎肝、凍魚、凍肉、煎鴨子、煎鱈魚等下飯菜，這些都是家常飯食。

高檔一點的飯店，更是以豐盛的菜餚吸引食客，有熱菜、涼菜，還有冰鎮的冷菜，任顧客挑選。如果你在宋朝大飯店點一道名菜，夥計卻告訴你本店做不出來，那你可以向店掌櫃投訴夥計與廚師。

在宋朝，許多現代仍在使用的烹飪手法已經發展成熟，同一種食材，可炒可煎、可蒸可煮，可油炸、可醃漬、可生吃。例如，將羊肉等食材剁碎，以豬網油包裹後下鍋油炸，宋朝人稱這類食品為「簽菜」；醃製的食品則稱為「鮓」，羊肉、鮮魚、蝦蟹、雞鴨、雀鳥、鵝掌，都可做成「鮓」。有一道名菜就叫「旋鮓」，「旋」是快速的意思，這是一種用食鹽、酒糟等調味料短暫醃漬後馬上食用的美食，跟今天廣東菜中的生醃血蛤、生醃蝦差不多。宋朝人還喜歡將新鮮的魚、肉做成「膾」，就是生魚片、生肉片，這一美食傳入東瀛，成了日本「刺身」。

宋朝時，人們開發出來的食材已經很豐富，地裡長的、山裡跑的、海裡游的，都是大自然對「吃貨」的饋贈。而宋人最鍾愛的食材，大概是螃蟹與羊肉。

宋朝人喜歡將螃蟹做成「蟹生」，又叫「洗手蟹」，就是將生蟹剁碎，過一遍熱麻油，冷卻後加入茴香、花椒末、水薑、胡椒等調味料，再加入蔥、鹽、醋、酒拌勻，醃漬片刻，便可食用。是不是有點像現在的生醃蟹？

宋朝人也喜愛吃羊肉。一首宋詩是這麼說的：「人生稍富足，著意營口腹。買魚尋鱖魚，買肉要羊肉。」（釋懷深〈擬寒山寺〉詩其十七）在宋人心目中，最好吃的肉就是羊肉，就連皇家吃的御膳，主要也是羊肉。宋朝人說，皇室「飲食不貴異味，御廚止用羊肉」（《清波雜志》）。北宋時，東京大內御膳房每年消耗的羊肉，有四十三萬多斤，而豬肉的用量只有四千多斤，可見宋朝皇室對羊肉的喜愛。

不過，讓我感觸最深的，並不是宋朝美食之豐盛，而是宋朝的一位皇帝，在面對美食誘惑時，卻能保持克制。這位宋朝皇帝，是宋仁宗。

有一次，皇宮舉行內宴，席上有一道菜是清蒸螃蟹，一共二十八隻。當時螃蟹剛剛上市，御廚知道仁宗喜歡，便叫人上街買了一小筐。仁宗看了，便問左右：

仁宗：「新蟹？我今年還未吃到，不知一隻要多少錢？」

左右回答：「一隻要一貫錢。」

仁宗皇帝聽了，立即拉下臉，說：「我多次告誡你們，吃飯不要那麼侈靡。一隻蟹一貫錢，這幾筷子下來，就花掉了二十八貫。」仁宗堅決不吃螃蟹。

還有一次，仁宗上早朝，臉色很不好看。

大臣問：「陛下是不是身體不舒服？」

仁宗說：「沒事，我只是昨夜肚子餓，失眠。」

大臣很驚訝：「失眠？怎麼回事？」

仁宗說：「昨夜想吃烤羊肉，愈想愈餓，愈餓愈想，結果就睡不著了。」

大臣問道：「何不叫御廚做來？」

仁宗說：「這我何嘗不知？但按祖宗家法，從未有夜間供烤羊肉的慣例，我不願破此例；若此例一破，以後夜裡不知又要宰殺多少隻羊了。所以，寧可忍著點。」

大臣聽了，很感慨。說真的，我也有點感慨。一個人面對美食的誘惑，能夠管住自己的嘴巴，堅決不吃，實在太難得了，值得今日想要減肥的朋友好好學習。

夏季冷飲最爽口

張擇端〈清明上河圖〉中畫了許多路邊攤，其中有些打出的廣告牌上寫著「飲子」、「香飲子」，這是什麼？其實，它們是流行於宋朝的飲料，用甘草、陳皮等藥材熬煮而成，類似現在的廣東涼茶。

施耐庵的《水滸傳》裡有一個橋段：宋江夜裡喝了點小酒，又與閻婆惜嘔氣，睡得不踏實，三更半夜就醒了。挨到五更，乾脆起來洗漱，換了衣服，到縣衙上班。在縣衙門前，見一盞燈明，正是賣湯藥的王公，來縣前趕早市。

王公跟他打招呼：「押司，今日出來這麼早？」

宋江說：「夜來酒醉，錯聽了更鼓。」

王公說：「押司必然傷酒，且喝一盞醒酒二陳湯。」

宋江說：「好。」

說完，就找了張凳子坐下來。王公盛了一盞濃濃的二陳湯，遞與宋江吃。這裡的二陳湯，就是宋朝人常喝的一種飲子，據說可以醒酒。

我們今天可以喝到各種各樣的飲料，宋朝人能喝的也不只二陳湯，還有很多品類，比如飲子、湯品、漿水、渴水、熟水、涼水等等，且讓我一一解釋。

宋朝人喝的湯品，是一種可以快速沖泡的飲料，通常用茉莉花、桂花、梅花、荔枝、香橙、烏梅、蓮子等花果製作。做法是將花果鹽醃、晒乾、烘焙、碾成細粉，然後裝入器皿，密封儲存。要喝時便取出若干沖泡，叫作「點湯」，有點像今天的即溶咖啡。不同的花果可以做出不同的湯品，如荔枝湯、木樨湯、橙湯、香蘇湯、烏梅湯等。

經濟條件好一點的宋人，家中會備著一些湯品，以便招待客人。因為按宋朝風俗，「客至則啜茶，去則啜湯」（《萍洲可談》），家中來了客人，先點茶敬客，客人要走時，再點湯送客。所以，假如你到宋朝人的家裡做客，聊了一陣子，主人家讓婢女端來一碗香噴噴的湯品，那你就要懂了，這是主人暗示你可以告辭的意思。這碗湯，有人非常生動地將它叫成「滾蛋湯」。而如果主人遲遲沒有端上湯品，則代表主人非常好客，想留你繼續聊天。

宋朝人也喜歡喝漿水。漿水是宋朝的乳酸飲料，做法很簡單：米飯煮熟，倒入缸中，用乾淨的冷水浸泡五、六天，讓其發酵，稍微變酸後便可以倒出湯水飲用。宋人還會根據個人口味，在漿水裡加入蜂蜜、花果，做成荔枝漿水、桂花漿水、木瓜漿水等，喝起來酸酸甜甜的，還有天然的花果香。

渴水類似濃縮果汁，宋朝比較流行的有林檎渴水、楊梅渴水、木瓜渴水、葡萄渴水等。做法是：將要用的水果榨汁、濾渣，入鍋細火慢熬，蒸發掉多餘的水分，直到果汁成為濃稠的膏狀，放涼後倒入乾淨的容器中，密封存放。要用的時候，就取出適量，用沸水沖泡，即可飲用。

宋朝社會最流行的飲料則是熟水。將紫蘇、豆蔻、丁香、桂花等香料焙乾，投入沸水中，浸泡出味，便是熟水，類似今天的花草茶。不同香料可以做出不同的熟水，例如紫蘇熟水、豆蔻熟水、香花熟水等。

最大眾化的應該是粱稈熟水，做法是取稻稈心一束，洗淨、晒乾，在沸水裡涮幾次，一鍋稻香滿溢的粱稈熟水便新鮮出爐。如果嫌味道太淡，還可以加點糖或蜂蜜。宋朝的大都市，即便是冬天深夜，都有小販擺攤賣熱騰騰的粱稈熟水，供上夜班的人飲用，價格非常親民，一碗只要兩、三文錢。

宋朝上自皇室，下至市井平民，都有喝熟水的習慣。皇家貴族用名貴香料製作，窮人家摘幾片竹葉、割一束稻稈，也可以做熟水。相傳宋仁宗曾給宮裡的熟水評定品級，以紫蘇熟水為上品，沉香熟水次之，麥門冬熟水又次之。

有一次，仁宗皇帝在後花園與大臣談事，仁宗一邊走，一邊頻頻轉頭往後看，大家都不知道仁宗是什麼意思。

大臣問：「官家找什麼？」

仁宗說：「沒事，沒事。」

談完事情，仁宗回到寢宮，連聲叫喊：「快端一碗熟水來，渴死我了。」

嬪妃問：「官家口渴，剛才在外面何不叫人送熟水？」

仁宗說：「剛才我幾次回頭，都沒看到備熟水的宮人，我當時若說出來，他就會因為失職受罰，所以我還是忍著口渴，回來再喝。哎，不說了，我先喝一口。」

嬪妃端上熟水：「官家您慢點喝。」

仁宗連喝了幾口，說：「嗯，這是紫蘇熟水吧？不錯不錯。」

仁宗皇帝喜歡喝紫蘇熟水，詩人李清照常喝的則是豆蔻熟水，她有一闋小詞〈攤破浣溪沙〉寫道：「病起蕭蕭兩鬢華，臥看殘月上窗紗。豆蔻連梢煎熟水，莫分茶。」說她晚年身體多病，不敢喝茶了，只喝豆蔻熟水。

另一位宋朝大詩人蘇軾，則喜歡喝麥門冬熟水。他聽說朋友米芾沒有午睡，大熱天跑到東園賞花，怕他中暑，親手調製了一瓶麥門冬熟水，叫人送去給米芾，並附上一首詩：「一枕清風值萬錢，無人肯買北窗眠。開心暖胃門冬飲，知是東坡手自煎。」（〈睡起聞米元章冒熱到東園送麥門冬飲子〉）

不知道蘇軾會不會在麥門冬熟水中加幾顆冰塊？大熱天，喝加冰的飲料，肯定更加爽快。我們夏天都喜歡喝冷飲，其實，宋朝人也是。

宋朝冷飲的種類很多。每當盛夏時節，北宋東京、南宋臨安的街頭，都擺滿了叫賣解暑冷飲的小攤，撐著青布遮陽傘，擺著幾張木桌椅，供走過路過的顧客坐下來，舒服喝上一碗，解渴又消暑。

小販：「這位客人，您想要喝點什麼？」
客人：「都有什麼呀？」
小販：「有楊梅渴水、香糖渴水、木瓜漿水、荔枝漿水、冰雪甘草湯、冰雪冷元子、生淹水木瓜、紫蘇飲、薑蜜水、梅花酒，都是加了冰的冷飲。您想要哪個？」
客人：「那我就試試這梅花酒吧。」
小販：「好的，您稍等。」

剛才小販說的這類冷飲，宋朝人稱之為「涼水」。

宋朝的皇帝也喜歡喝冷飲。有一年夏天，南宋的孝宗皇帝喝涼水，一不小心喝多，拉了肚子。他在後殿跟奏事的大臣施師點說起這件事，施師點一聽急了，連忙勸告——

施師點：「自古為人君者，無事之時，快意所為，不知節制，結果便鬧出點事情來，事後沒有不後悔的。」
孝宗：「卿提醒得對。往後，朕喝涼水，會注意點。」

施師點：「不僅是喝涼水，做其他事情也一樣。」

一位皇帝貪喝了幾口冷飲，也要被大臣教訓一通，看來皇帝也不太好當，還是當平民百姓更自在一點。不過，我覺得施師點的話也有道理：冷飲雖然爽口，但也不能喝太多，否則，你的腸胃會抗議的。

輯五

貪玩的風氣

宋人不但追求舌尖上的享受，也喜歡玩耍遊樂。馬球、「足球」、「高爾夫球」、相撲，都是宋人愛玩的體育運動，不但有全國性的足球錦標賽、相撲大賽，平日裡也有商業性的足球表演賽、相撲表演賽；而且不只男子會在競技臺上大展身手，女子也可以當相撲手，與男子一爭高下。幾乎每個宋朝城市都設有供市民玩樂的瓦舍勾欄，人們可以盡情地吃、喝、玩、樂。

馬球：青絲飛控紫驊騮

你也許看過一部以宋朝為背景的電視劇《知否知否，應是綠肥紅瘦》，劇中有一位永昌伯爵府夫人，叫作吳大娘子，經常在東京金明池邊舉辦馬球賽，邀請京城的豪門子弟、官眷參加。馬球，就是人騎在馬上，一邊操縱馬奔跑，一邊用馬球桿把球打進球門的體育活動。

一些朋友聽了可能疑惑：吳大娘子辦比賽，難道宋朝的女性也可以參加馬球賽嗎？沒錯，宋朝未必真有一位吳大娘子，但打馬球確實是宋朝盛行一時、且男女皆可參加的運動。

宋朝皇室很喜歡打馬球，設有皇家馬球隊，經常舉行比賽。北宋太平興國五年（九八〇）三月，宋太宗在大明殿策劃了一場馬球賽，殿外闢出一座寬大的球場，人頭攢動，旌旗飄揚，鑼鼓喧天，大宋的皇家樂團奏響了雄壯的龜茲部鼓樂。

球場的兩端各豎立兩根一丈多高的雕龍門柱作為球門，並各有一名守門員，參賽的球隊分為左右對壘；另有十二名裁判員，手執小紅旗，負責「唱籌」，也就是報告進球得分。球隊每進一球，裁判員就舉起小紅旗，高聲喊：「左朋進球，得一籌！」「右朋進球，得一籌！」左朋右朋，就是左右兩邊球隊，哪隊先得三籌就獲勝。而進球得籌的球隊，可以獲得一面彩旗，插於木架上，作為得分標誌。這樣，賽場雙方的得分情況，一目了然。

這次皇家馬球賽打了兩場。第一場，皇帝與一眾大臣組隊上場打球，左朋穿黃色球衣，右朋穿紫色球衣。由皇帝開球，這開球是儀式性質的，打出第一球之後，皇帝回馬喝酒，飲畢，再上馬打出第二球，比賽才正式開始。親王、大臣馳馬爭擊，皇家樂團擂鼓奏樂助威，觀者搖旗吶喊，球擊至球門附近可以射門時，鼓點更急，催動人心。進球，則鼓響三通；如果是皇帝進球，裁判員會高聲喊道：「御朋進球，得一籌——」這時，鼓樂會停下來，眾人山呼：「萬歲！」如果是群臣進球得分，眾人則大呼：「好！」進球的官員則下馬稱謝。打滿三籌，這場馬球賽便結束了。皇帝招呼群臣下馬喝酒，觀賞第二場比賽。

第二場是打球供奉官的較量，也就是皇家職業馬球隊。他們也分成兩朋，左朋身穿紫色繡花球衣，右朋身穿緋紅色繡花球衣。身為職業球員，打球供奉官的技藝顯然更加高超，比賽的對抗性無疑也更加激烈，我就不一一細說了。

宋朝的好幾位皇帝都會打馬球，太祖、太宗戎馬出身，自然騎術高超，就連在深宮裡長大的仁宗、神宗、徽宗，也都很喜歡打馬球。特別是徽宗，不但喜歡，球技還十分了得，宋人形容是「今聖精敏此藝」（《宋朝事實類苑》）。徽宗甚至還組建了一支皇家女子馬球隊，有一首宋詩便以「內苑宮人學打球，青絲飛控紫驊騮」（王珪〈宮詞〉）加以描繪。這支女子馬球隊騎術超群，擊球之技「妙絕無倫」（《清波雜志》），衛士看了，皆自愧不如。

有一次，宋徽宗邀請大臣觀賞皇家女子馬球表演賽。

宋徽宗：「卿等覺得這支巾幗馬騎如何？」

大臣：「不讓鬚眉。」

宋徽宗：「騎馬擊球，雖不是女子的分內事，但女子能將馬球打得這麼好，鬚眉男兒也不能落後啊。」

每年三月，東京皇家園林金明池、瓊林苑照例都要對市民開放，任人遊玩，皇帝也會擇日駕臨，與民同樂。皇帝遊園之日，皇家藝術團會在金明池舉行精彩的匯演，供皇帝與遊客觀賞；節目之一，就是皇家女子馬球表演賽。隊員出場時，由幾名手執繡龍小旗的內侍引導，列成長列，魚貫登場，足足有一百多騎；這些馬背上的女騎手「豔色耀日，香風襲人」（《東京夢華錄》），山呼：「吾皇萬歲！」

其實唐朝時就有馬球運動，皇室、大臣十分喜歡，並同樣設有皇家女子馬球隊，不過範圍僅限於權貴；一直到宋朝，馬球才逐漸變成平民運動。金明池旁、瓊林苑外的「牙道柳徑」（《東京夢華錄》），就是北宋東京市民打馬球的場所。《知否知否》中吳大娘子舉辦馬球賽的場地，大概就在這裡。

南宋的臨安城，有個大校場，是士兵操練的廣場，平日空閒時，也開放給市民跑馬、打球、射弓、飛放鷹鷂。臨安的富室郎君、風流子弟還結成「打球社」，相當於馬球協會，這可是唐朝未曾有的事情。你想，如果民間沒有為數眾多的馬球愛好者，怎麼可能出現馬球協會？

與宋朝並存的遼國、金國、蒙古國，也流行馬球運動，宋朝使臣出使這些地方，有時便會受到挑戰：「會馬球嗎？賽一場如何？」這個時候，如果宋朝的使臣不會打馬球，就有點丟人了。

南宋後期，趙珙出使蒙古軍營，與蒙古汗王木華黎談判。趙珙發現，蒙古人很喜歡打馬球，經常會舉行小型比賽，參賽的騎手一般是二十來騎。

一日，蒙古營又有馬球賽，木華黎派人將趙珙請過去。

木華黎：「今日打球，為何不來？」

趙珙：「未見大王有旨相請，不敢擅來打擾。」

木華黎：「你來我營中，便是一家人。凡有宴聚打球，或打圍出獵，你便來同戲，如何？」

趙珙哈哈大笑，自罰酒六杯。

當時宋朝與蒙古是同盟關係，木華黎對待南宋的使臣，依然十分熱情。可惜不久後，雙方便交惡了，以至兵戎相見。

戰爭如此殘酷，在戰場上廝殺，不如在球場上較量，你們說對不對？

蹴鞠：又著紅靴踢繡球

《水滸傳》裡有一個「踢足球」的高手，名叫高俅，他的名字甚至便來自足球。書中是這麼寫的：北宋東京城裡，有一個浮浪破落戶子弟，姓高，因不務正業，只愛弄槍使棒，踢得一腳好球，京城人乾脆叫他高毬。毬，是「球」的另一種寫法。後來高毬發達了，覺得「毬」字不雅，便改為人字旁的「俅」。

宋朝歷史上，高俅確有其人，也確實擅長踢球，但他並不是破落戶出身，而是蘇軾的書僮。後來蘇軾離京出任地方官，將高俅推薦給朋友曾布，但曾布大概不喜歡他，以家中僕人頗多為由，婉謝了蘇軾。於是，蘇軾又把高俅推薦給了另一位朋友，即駙馬都尉王詵。就這樣，高俅成了王駙馬家的僕人。

王詵是皇親國戚，與端王趙佶交好。一日，二人在殿廬等候朝會時相遇。

端王：「王都尉，借一步說話。」

王詵：「十一哥，何事？」

端王：「小事。你看我的鬢毛是不是有些雜亂？我想刮一下，卻忘了帶篦刀子，王都尉可曾帶有？」

「正好帶了一把。」王詵說著，從腰間取出一把篦刀子，遞給端王。

端王：「這篦刀子的樣式甚是新奇可愛。」

王詵：「我剛好叫匠人造了兩把，一把尚未用過，待會兒我叫人把新刀送去。」

當天退朝，王詵回到家，便叫來僕人高俅，讓他送篦刀子給端王。高俅來到端王府，正好碰見端王與家人在園子裡踢足球。高俅在一邊看得心癢，躍躍欲試。端王見狀，便把他叫到跟前。

端王：「你也會踢球嗎？」

高俅：「小的略懂。」

端王：「好好，你下來一起踢。」

端王叫高俅一起踢球，沒想到高俅下場後大展身手。端王是愛球之人，見高俅球技了得，非常高興，趕緊叫來僕人：「你去駙馬府告訴王都尉，就說謝謝他送來篦刀子，送刀的僕人我也留下了。」

從此，高俅就跟了端王，陪他踢球。過了幾年，皇帝宋哲宗駕崩，端王繼位，便是宋徽宗；高俅也跟著平步青雲，成了高太尉。

高俅能夠發跡，簡單地說，是因為他的球踢得好。不過，在宋朝，球踢得好的官員，可不止高俅一個。比如宰相級別的高官丁謂、李邦彥，球技都十分了得；還有一個叫柳三復的進士，也很厲害。

這個柳三復考中進士後，去拜見宰相丁謂。當時丁謂在後園踢球，一球射出，被柳三復用頭接住。只見他頭頂著球，走過來向丁謂三鞠躬，又從懷中掏出以前所寫的得意文章，呈給丁謂，並再次鞠躬行禮。

柳三復行禮之時，球滴溜溜地從他的頭上轉到肩膀，又轉到後背，再彈起來落到頭上，在頭頂上一直打轉。自始至終，柳三復手不碰球，球也不落地，球技簡直比貝克漢還厲害。丁謂也看呆了，對柳三復十分佩服，將他收為門客。

宋朝為什麼一下子湧現出這麼多踢球高手？因為宋朝可是足球運動的黃金時代。當然，「踢足球」是我們今天的說法，宋朝人習慣叫「蹴鞠」。熱愛蹴鞠的宋朝人非常多，上自天子，下至市井小民，都不乏足球愛好者。踢球的人多了，自然誕生許多踢球高手。

宋朝的開國皇帝宋太祖就很喜歡踢球，上海博物館有一幅宋畫〈宋太祖蹴鞠圖〉，畫的就是宋太祖與大臣一起踢球的情景。宋朝人開設的「足球培訓班」，非常聰明地將太祖蹴鞠的故事寫入招生廣告詞中：「宋祖昔日皆曾習，占斷風流第一家。」（《蹴鞠譜》）你看，在宋朝人的心目中，踢足球原來是最風流倜儻的事情。

宋朝的皇室還設有一支「皇家足球隊」，分成左右軍，各有一位領隊，叫作「球頭」。左軍的隊服是紅錦襖，右軍的隊服是青錦衣。通常每逢皇帝壽辰，或招待外國大使，都會舉行皇家足球隊的表演賽。賽場設在宴會的大殿門前，由球頭分別率領左右軍上場較量，以助酒興。

民間大大小小的足球比賽就更多了。宋朝城市裡有許多茶坊、酒肆，其中有些就會舉辦足球表演賽，你可以一邊飲酒、品茶，一邊觀看；瓦舍勾欄裡，更是天天都有商業性的踢球表演，只要付錢買票，就可以入內觀賞。

千萬不要以為只有男人才踢足球，宋朝女子也喜歡蹴鞠，也會參加足球比賽。有一闋宋詞就寫道：「疑是弓靴蹴鞠，剛一踢、誤掛花間。」（趙文〈鳳凰台上憶吹簫〉）還有一首宋詩：「舞餘燕玉錦纏頭，又著紅靴踢繡球。」（汪元量〈張平章席上〉）寫的都是女子蹴鞠。如果我們在宋朝看到一支英姿颯爽的女子足球隊，也不足為奇。

由於民間喜歡踢足球的人很多，宋朝社會出現了類似足球愛好者協會、足球俱樂部的團體，其中最著名的，叫作「齊雲社」。

按《水滸傳》的敘述，熱愛足球的宋徽宗很可能也是齊雲社的成員。前面說過，高俅第一次見到徽宗時，徽宗還是端王，在園子裡踢球。端王叫高俅一起踢，但高俅自認身分卑賤，不敢下場。

高俅：「小的是何等樣人，怎敢與恩王下腳！」

端王：「這是齊雲社，名為『天下圓』，但踢何妨。」

高俅：「不敢。」

端王：「齊雲社裡不分貴賤，踢吧。」高俅這才下場。

從端王與高俅的這段對話，我們可以知道，齊雲社的宗旨之一就是「天下圓」，意思是在齊雲社裡，天下人皆為一家人，不分貧富貴賤，大家都是足球運動員，只較量球技，不計較身分。正因如此，齊雲社又名「圓社」，不僅是因為足球是圓的，更是因為其「天下圓」的宗旨。我覺得這是一種很可貴的足球精神。

齊雲社的工作，主要是傳授踢球技術、制定規則及禮儀、籌辦大賽等。社內還有為成員制定的「十禁戒」：「戒多言，戒賭博，戒爭鬥，戒是非，戒傲慢，戒詭詐，戒猖狂，戒詞訟，戒輕薄，戒酒色。」這「十禁戒」放在今天也毫不過時，我覺得完全可以抄下來作為今日足球隊的守則。

每年，齊雲社都會舉辦一屆全國性的蹴鞠邀請賽，叫作「山嶽正賽」。賽前，齊雲社會向各地球隊發出通知：「請知諸郡弟子，盡是湖海高朋，今年神首賽齊雲，別是一番風韻。」（佚名〈西江月〉）參賽的球隊需要繳納一定費用，最終的獲勝者則可獲得獎金，以及一面「名旗」，贏者得名旗下山，輸者無旗下山。

需要注意的是，宋朝的足球比賽，球門是設在球場中間的，球門高約三丈，用彩繩結網，留出一個一尺見方的網眼，叫作「風流眼」，球員射球過網眼即得分。球門設在球場中間，肢體對抗會減弱，但對技巧的要求更高。

有網友戲言：但凡球網、球門設在兩端的球類比賽，中國隊一般都打不贏，比如足球、籃球；而球門、球網設在中間的球類比賽，中國隊一定會贏，比如排球、羽毛球、乒乓球。這是網路笑話，不必當真，不過我有時會想，假如一千年前就有「世界盃」，冠軍一定會是宋朝隊。

捶丸：宋人也玩「高爾夫球」

明代小說《金瓶梅》裡有一個情節：有一天，西門慶與潘金蓮正在房裡休息，婢女春梅推門進來：

春梅：「老爺，那個幫咱家看祖墳的張安來找您說話。」

西門慶：「拿衣給我穿，我去見他。」

潘金蓮：「張安來說什麼話？」

西門慶：「張安前日來說，咱家祖墳隔壁趙寡婦家的莊子連地要賣，叫價三百兩銀子，我只還她二百五十兩，讓張安和她講價去。若買成這莊子，展開合為一處，裡面蓋三間捲棚，三間廳房，疊山子花園、射箭廳、打球場，咱們有個耍子去處，破使幾兩銀子收拾也罷。」

原來西門慶想將趙寡婦家的莊子買下來，在那裡修建花園、射箭廳、打球場，多一個玩樂的去處，所以叫張安去跟趙寡婦家討價還價。西門慶說的打球場，打的不是籃球、不是網球、也不是馬球，是一種與今天的高爾夫球非常相似的球類。

難道高爾夫球不是起源於歐洲的蘇格蘭嗎？這種類似高爾夫球的運動，叫作「捶丸」，興起於宋朝，盛行於元朝。有一些研究者認為，元朝時，遊歷中國的義大利商人馬可·波羅將捶丸帶回歐洲，最後演變成高爾夫球。當然，高爾夫球到底是不是發源於中國，專家學者還有爭議，我們不必摻和其中，只來說說宋朝人是怎麼玩「高爾夫球」的。

元世祖至元十九年（一二八二），一位將書房題名為「寧志齋」的老人編寫了一本捶丸指南，叫作《丸經》，換成現在的說法，相當於「高爾夫球入門指南」。根據這本《丸經》的介紹，捶丸的球通常由木頭製成，以結成膠狀的樹癭為佳，也有用陶瓷製作的；而不論瓷球或木球，大小均如成年人的拳頭。今天在一些博物館中，還可以看到不少出土的宋朝捶丸瓷胎球。

宋朝捶丸的球棒，形狀也與高爾夫球桿相似，由筆直的棒柄與彎曲的棒頭組成；棒柄通常為竹製，棒頭為硬木，裹以牛皮。打過高爾夫球的朋友應該知道，高爾夫球桿不是一支，而是一套，包括打遠球的木桿、打球上果嶺的鐵桿、打飛球的挖起桿、打球進洞的推桿等；捶丸的球棒也是如此，有撲棒、杓棒、攛棒、單手、鷹嘴等，名目多樣。不同球棒的功能不同，比如撲棒「能飛不能走」（《丸經》），適合打遠球，相當於高爾夫球的木桿；攛棒「能走，能飛」（《丸經》），既能打推桿，也能打遠桿，但不容易學。

捶丸通常是在室外進行，要求場地開闊，地勢要「有平者、有凸者、有凹者、有峻者、有仰者、有阻者、有妨者、有迎者、有裡者、有外者」（《丸經》），現代高爾夫球場也是如此。捶丸與高爾夫的規則也很接近，都是以擊球入洞來計分。高爾夫球的計分基礎是桿數，簡單地說，就是打完十八個洞用了多少桿，桿數越少，成績越好；捶丸則以擊球入窩者得分，一局為十、十五或二十分。

高爾夫球是一項紳士運動，宋朝的捶丸也是，《丸經》就特別強調：「捶丸之式，先習家風，後學體面。折旋中矩，周旋中規。失利不嗔，得雋不逞。若喜怒見面，利口傷人，君子不與也。」

總而言之，一個現代高爾夫愛好者如果穿越回宋朝，看到宋朝人捶丸，或是一個宋朝人穿越看到今人打高爾夫球，一定都會感到很親切，有種似曾相識的感覺。

宋朝的皇家、士大夫乃至一部分平民，都喜歡捶丸。《丸經》也提倡：「天朗氣清，惠風和暢，飫飽之餘，心無所礙，取擇良友三三五五，於園林清勝之處，依法捶擊。」這是人生一大樂事。

貪玩的宋徽宗，以及他的「鐵粉」金章宗，都是捶丸高手。作為帝王，他們的裝備想必十分豪華，如果能夠碰面，或許也會互相交流。就讓我們想像一下：

宋徽宗：「古人說：『工欲善其事，必先利其器。』要打好捶丸，首先要有一副好球具。」

金章宗附和：「有道理。」

宋徽宗：「最好的球丸，要用癭木製造，癭木堅牢，可久用而不壞；球棒要在冬天製作，冬天做成的球棒才結實。我有一副球棒，『碾玉綴頂，飾金緣邊』（《丸經》），很好用。」

金章宗：「是啊，回去我也要打造一副這樣的球棒。」

宋朝的神宗皇帝也喜好捶丸。有一次，神宗與兩位親王在禁宮裡捶丸。

神宗：「捶丸總得有點彩頭才刺激。我們賭點什麼，輸的掏一百兩銀子如何？」

親王：「我不與官家賭財物。」

神宗：「那賭什麼？」

親王：「臣等若是贏了，請官家罷了新法。」

原來，當時宋神宗與王安石正雷厲風行實施變法，引來保守派的反對，那兩位親王正是同情保守派的貴族，所以才向神宗提出這樣的要求。但將治國的政策拿來當打球的賭注，很是荒唐，所以神宗皇帝並沒有答應。不過這個小故事告訴我們：宋朝人捶丸，通常是有「彩頭」，也就是獎品的。《丸經》提到過，一場球的彩頭是多少錢，要量力而為，富人該多掏點錢，窮人便少掏一點。

宋人愛打捶丸，流風所及，連女性與兒童也喜歡。當然，女子與小孩通常力氣小，所用的球更小巧一些，場地也不需要那麼大，在庭院裡便可以玩。明代畫家杜堇畫有一幅〈仕女圖〉，裡面有個場景，就是一群仕女在打「高爾夫球」；宋人畫的〈蕉陰擊球圖〉，則畫了兩個小朋友在庭院裡練習捶丸。

有些宋朝小朋友由於貪玩捶丸，影響學業，讓家長很是頭痛。范仲淹有一個外甥，叫滕元發，人很聰明，也很調皮，愛打球不愛讀書。范仲淹將滕元發當成兒子看待，對他很嚴格，督促他念書，不准他打球，但滕元發並不聽話。

有一次，滕元發又蹺課了，跑到外面打捶丸。范仲淹得知後大怒，叫人將滕元發玩的球都取出來，全部砸碎。僕人用鐵鎚砸球，誰知球很硬，沒有砸碎，被鐵錘一擊，倒反彈起來，正中僕人額頭，痛得僕人抱頭大叫。滕元發在旁邊看著，幸災樂禍地說：「快哉！快哉！」范仲淹為此很是憂慮，擔心他不成器。不過，在范仲淹的管教下，滕元發後來兩次考中探花，三次擔任開封府知府。

范仲淹砸球的故事告訴我們：打高爾夫球雖是人生樂事，但也不能因為打球而耽誤了正經事。

相撲：宋時的全民運動

相撲是今天日本的國技，但在一千年前，相撲也是宋朝的國技，風靡一時。

宋朝人是怎麼玩相撲的呢？《水滸傳》裡的高俅，除了會踢球，還是一位相撲好手：「這人吹彈歌舞，刺槍使棒，相撲頑耍，頗能詩書詞賦。」後來高俅率領官兵出征梁山泊，結果被梁山好漢生擒上山。不過，梁山泊的一把手宋江因為一心想招安，沒有為難高俅，反而殺牛宰羊，大擺宴席，盛情款待。席間，梁山的大小頭領輪番把盞，殷勤勸酒；高太尉喝多了，有些醉意，舌頭也大了起來，吹噓他自小學得一身相撲本領，天下無對手。

梁山的二把手盧俊義也喝醉了，聽不慣高俅自誇天下第一，便指著燕青跟他說：「我這個小兄弟，也會相撲，三番上岱嶽爭跤，也是天下無對手。」

高俅一聽，便站起身來，脫了衣裳，要與燕青較量。眾首領也站起來起鬨：

「好，好！且看相撲！」

眾人在梁山的忠義堂鋪了地毯，燕青與高俅在喝彩聲中，一齊站上地毯，拉開架勢。高俅想先下手為強，向燕青撲來，燕青一把扭住，借力一摔，一下子就將高俅摔在地上，半晌爬不起來。宋江、盧俊義慌忙扶起高俅，請他穿了衣服。

宋江說：「太尉醉了，如何相撲得成功？燕青不識好歹，請太尉恕罪！」說完，兩人就扶著高俅入席喝酒，飲至夜深，才入後堂休息。

高俅雖然輸了，但不代表他的相撲功夫不行，因為他畢竟年紀大，又喝醉了，力量與靈敏度都要打折。更何況，在水滸世界裡，要論相撲，燕青可是打遍天下無敵手，高俅輸在他手裡，並不冤。

高俅、燕青比賽相撲的故事，當然是小說家的虛構，但宋朝人確實喜歡相撲。跟蹴鞠一樣，相撲也是宋朝的一項全民運動，不論官方或民間、不論上層或下層社會，都非常流行。

宋朝的皇室設有「皇家相撲隊」，一共有三十六名相撲手，是從御前侍衛中挑選出來的，都是臂力過人的大力士。他們的任務之一，就是在皇家慶典上表演相撲賽。南宋詩人楊萬里有一首詩寫道：「廣場妙戲鬥程材，未得天顏一笑開。角抵罷時還罷宴，卷班出殿戴花回。」（〈正月五日以送伴借官侍宴集英殿十口號〉）詩中的角抵，就是相撲。詩人參加皇家宴會，在席上觀看了一場精彩的相撲表演，回家便寫了這首詩。

民間也有大量的職業相撲手，他們活躍在瓦舍勾欄裡，為觀眾表演。這是商業性質的相撲表演賽，你想入場觀看，需要付錢購買門票。

在《武林舊事》、《西湖老人繁勝錄》等宋人筆記中可以看到相撲手名單，都是南宋時在臨安瓦舍中表演的明星高手：撞倒山、鐵板踏、曹鐵拳、韓銅柱、宋金剛、赤毛朱超、楊長腳……光看名字便能想像這些相撲手的特點：身材魁梧、力氣巨大、動作迅猛。

除了職業相撲手，民間還有更多像高俅一樣的相撲愛好者，他們有自己的團體，叫作「相撲社」或「角抵社」。如同前面提過的其他社團，在宋朝，這一類結社是很常見的：喜歡蹋足球的，可以加入齊雲社；喜歡打馬球的，可以加入打球社；喜歡刺青的，可以加入錦體社；喜歡寫詩的，可以加入詩社；表演皮影戲的，可以加入繪革社；熱愛慈善的，可以加入放生會等。

宋朝的相撲還有全國性的比賽，叫作「露臺爭跤」。全國性的露臺爭跤，包括官方主辦的相撲錦標賽，以及民間舉行的相撲挑戰賽。南宋臨安護國寺有一個大露臺，就是設置來舉辦相撲錦標賽的，登臺競技的相撲手來自各州郡，都是各地選拔出來的好手。奪冠者可得到獎金、獎盃、錦旗，甚至有可能被提拔為軍官。

至於民間的相撲挑戰賽，一般都是在大型廟會中舉行，通常由上一屆的冠軍接受天下相撲好手的挑戰。選手來自五湖四海，各個廟會的比賽舉辦時間互相錯開，有些職業相撲手乾脆巡迴參加比賽，贏取豐厚的獎金。

《水滸傳》裡面，就講到東嶽泰山廟會的相撲挑戰賽。三月廿八日這天，一大早，偌大一個東嶽廟，擠滿了香客，連屋脊上都是等著看相撲的人。廟外早已搭好了擂臺，擂臺旁又有一個山棚，棚上都是金銀器皿、錦繡緞匹，拴著五頭駿馬，全副鞍轡——這些都是獎勵給相撲冠軍的「利物」（獎品）。

主持這次相撲挑戰賽的裁判是一位老頭，他上了擂臺，先拜過東嶽神，也就是泰山聖帝，再請出前兩屆東嶽相撲的冠軍：外號「擎天柱」的江湖好漢任原。

老裁判說：「各位來賓，各位朋友，各位香客，各位好漢，大家好！岱嶽爭跤馬上就要開始了。掌聲有請前年、去年的冠軍，任原任教師！」

只見二三十對花胳膊的漢子，前遮後擁，簇擁著任原，登上擂臺。

任原說：「我前兩年在岱嶽都奪下頭籌，白白拿了若干利物，今天必須讓大家瞧瞧身手。」說完，任原脫去身上的蜀錦襖子，露出一身矯健的肌肉，臺下眾人看了，齊聲喝彩。

老裁判又說：「任教師，您兩年在岱嶽爭跤，都不曾有對手，今年是第三番了。任教師可有什麼話，要對天下眾好漢說的？」

任原說：「天下四百個州府，七千餘個縣治，熱情的香客恭敬泰山聖帝，贊助了這麼多的利物，我任原兩年白受了。今年爭跤後，我打算辭了泰山還鄉，再也不上山來。兩輪日月，一合乾坤，南及南蠻，北濟幽燕，有敢和我爭利物的嗎？」

任原話音剛落，只見臺下一名好漢，飛身搶上臺來，引得眾人齊聲叫好。

老裁判問：「這位好漢，你姓甚名誰？哪裡人氏？從何處來？」

來人說：「我是山東張貨郎，特地來和他爭利物。」其實，這個來泰山與任原較量的人，不叫張貨郎，而是梁山好漢燕青。他聽說任原連續兩年在泰山相撲大賽中奪魁，今年又喊出口號：「相撲世間無對手，爭跤天下我為魁」，心裡很不服氣，決定來跟任原較量較量。

較量的結果是，燕青使了一個絕招，搶到任原面前：用右手扭住臂膀，探左手抓住褲襠，肩胛頂住胸脯，一把將任原舉起來，借力旋轉，三旋五旋，旋到擂臺邊，大叫一聲：「下去！」把任原直摔到擂臺下面。數萬香客看了，齊聲喝彩。

燕青贏了。

這麼精彩的相撲比賽，我都有點想去看看了。不過，宋朝還有比泰山爭跤更引人注目的相撲比賽，那就是女相撲。

女相撲：敢與男兒爭短長

上一篇文章寫到《水滸傳》裡燕青對上任原的一場相撲比賽，這是男相撲手之間的較量；小說中還有另一場，是跑江湖的好漢王慶，對上一個叫段三娘的女子。

原來，王慶與開賭坊的段二郎、段五郎兄弟賭錢，王慶贏了，拿了錢要走，而輸錢的段家兄弟不讓他走，一言不合，便打了起來。王慶拳腳功夫了得，三拳兩腳便將段家兄弟打倒了。這時，人叢裡閃出一個女子來，正是段二郎的妹子段三娘。

這段三娘二十四、五年紀，長得五大三粗，《水滸傳》如此形容：「眼大露凶光，眉粗橫殺氣。……針線不知如何拈，拽腿牽拳是長技。」只見她俐落地脫了羅衫，捲成一團丟在桌上，裡面是緊身綠短襖，下身穿一條紫綢褲，踏步上前，就要與王慶打架。

段三娘：「你這廝不得無禮，有我在此！」
王慶：「你是什麼人？」
段三娘：「老娘叫段三娘。這賭坊就是我開的。」

王慶見她是個女子，有意耍她，便擺開架勢，要與她相撲。眾人見這邊有男女相撲，一齊靠攏過來，把王慶與段三娘圍在圓圈裡，不停起鬨：「快打！快打！」段三娘提起拳頭，朝王慶打來。王慶側身一讓，段三娘打個空，收拳不迭，被王慶就勢扭住，只一跤，就摔翻下來。剛剛著地，王慶又順手將她抱起來：

王慶：「地上髒，莫汙了衣服。」
段三娘有些感激：「好拳腿，果然厲害。」
王慶：「娘子休怪俺衝撞。是你自來打俺。」

段三娘與王慶不打不相識，一場相撲，居然讓兩個年輕人惺惺相惜、暗生情愫，成了一對情侶。

宋朝真的有會打架的女相撲手嗎？有的。前面提過，宋朝城市的瓦舍勾欄中，經常舉辦相撲表演賽。而在正式開始前，通常都會安排身材火辣、穿著清涼的女相撲手先登場競技，吸引觀眾，然後才是男相撲手的正賽。如果我們有機會參觀宋朝的瓦舍勾欄，應該會聽到勾欄夥計這麼招攬觀眾：

「列位看官，女相撲馬上就要開場，已買票的看官，請趕緊入場，未買票的看官，請抓緊時間買票！今晚登場的女相撲，是囂三娘對壘黑四姐，到底是囂三娘拳腳厲害，還是黑四姐技高一籌呢？結果馬上知曉，請趕快入場！」

囂三娘、黑四姐都是宋人筆記《武林舊事》中記錄的職業女相撲手，其他南宋臨安女相撲手還有韓春春、繡勒帛、錦勒帛、賽貌多、僥六娘、後輩僥、女急快、賽關索……她們跟男相撲手一樣，都以相撲為職業，在瓦舍勾欄中進行商業性的相撲表演賽。

不只瓦舍勾欄，宋朝的宮廷宴會上，通常都要表演雜劇、歌舞、蹴鞠、相撲等節目，其中也有女相撲表演賽。讓我們看一份南宋後期在宋理宗壽宴上獻藝的藝人名單：「弄傀儡：盧逢春等六人；雜手藝：姚潤等九人；女廝撲：張椿等十人；築球軍：陸寶等二十四人……。」名單裡的「弄傀儡」是木偶戲，「雜手藝」是雜技，「築球」是踢足球，「女廝撲」就是女子相撲了。

我們可能很難想像，在宋朝的市民娛樂中心和朝廷的正式宴會上，居然允許出現多少有些「刺眼」的女相撲，難道就沒有人看不慣嗎？有的，這個人就是司馬光。小時候砸過缸的司馬光，長大後想砸的是女相撲手的飯碗。

這件事得從北宋仁宗嘉祐七年（一〇六二）的元宵節說起。宋朝過元宵節，照例要在皇城外的宣德門廣場舉行盛大的晚會表演，供市民欣賞，皇帝也要駕臨宣德門樓，觀看晚會，與民同樂。在嘉祐七年的元宵晚會上，就有女相撲手表演相撲。晚會結束後，宋仁宗犒賞了參加表演的所有藝人，其中便包括女相撲手。

司馬光聽說這件事後非常生氣，寫了一份報告給仁宗，毫不客氣地提出批評：

「臣以為，陛下此舉，極為不妥。宣德門是朝廷發布法律政令的地方，皇上在這麼嚴肅的場合，當著皇室後妃、朝廷命婦之面，眾目睽睽之下，觀看婦人相搏，成何體統？臣有三點建議：第一，若元宵節在宣德門舉行女相撲表演是一直以來就有的舊例，請皇上就此廢除；第二，若並非舊例，請陛下徹查這次是什麼人安排了女相撲表演，並施以重罰；第三，請皇帝下詔，讓朝廷趕快頒布禁令，禁止民間在街市上表演女相撲節目。」

司馬光的意見究竟對不對呢？我覺得，他說的第一條有點道理，因為在宣德門這麼莊重、嚴肅的場合，安排女相撲手相搏，讓一國之君領著一幫朝廷命官、命婦觀賞，確實不成體統。但他建議朝廷查禁市井間的女相撲，則有點多管閒事。女相撲不過是市民自發的娛樂活動，是小市民的趣味所在，也沒有什麼危害，朝廷大可不必粗暴干涉。

我們不知道宋仁宗接到司馬光的報告後是何反應，不過，女子相撲在宋朝並沒有被禁止，因為到南宋時，臨安的瓦舍勾欄裡，一直都還有女相撲比賽；宮廷宴會的節目單中，也有女相撲表演。而宋朝之後，我在元、明、清三朝都未能找到女相撲的記載，可能女相撲手這一職業已經銷聲匿跡了。

倒是有一個清朝的小說家，在小說《林蘭香》中虛構了一場女相撲比賽：一位姓耿的世家子弟，家中有五房娘子，婢女成群。有一日，五房娘子同遊後花園，看到兩個婢女在嬉戲廝打，「這個拉倒那個，那個撲翻這個，翠袖繽紛，紅裙飄蕩，微風吹處，裡衣皆見」。耿家娘子看了，議論起來。

一位耿家娘子說：「其他使女呢？何不也玩耍玩耍，免得午倦瞌睡。」

另一位耿家娘子說：「與其教她們亂打，不如配成對，兩個彼此相撲。贏的賞花一枝，輸的罰她取水澆花。」

第三位耿家娘子說：「只聞男子相撲為戲，未見女子有此耍法。這事必須讓三娘子來料理，方才妥當。」

於是，耿家三娘子將家中婢女叫到一處，一共有二十人，分為左右兩隊，左隊排列在柳樹蔭中，右隊站立在杏花叢裡，然後叫她們成對相撲。

這種與小孩子扮家家差不多的相撲，顯然與宋朝的女相撲不是同一回事。耿家娘子說「只聞男子相撲為戲，未見女子有此耍法」，不免有些可惜，因為她不知道在宋朝時，女子相撲曾經是常見的體育運動和市民喜愛的表演節目。。

瓦舍勾欄：宋人的娛樂中心

「各位街坊，走過路過，千萬不要錯過。本棚請得教坊丁都賽老師，獻演散樂。只演三場，絕不加演！過了這村，便沒這店！您走過路過，千萬不要錯過！」

這是我想像的畫面：北宋東京城一家瓦舍勾欄的夥計正在招攬觀眾。前面曾經多次提到宋朝的瓦舍勾欄，那麼它到底是什麼呢？

簡單來說，瓦舍就是宋朝城市的市民娛樂中心，相當於今天的大型商場。瓦舍裡面，設有酒肆、茶坊、食店、攤鋪、勾欄、看棚，市民可以在瓦舍裡購物、吃喝、看演出、消磨時光；而勾欄，就是藝人演出的場所，類似於今天的劇院。每天，勾欄裡都會上演雜劇、滑稽戲（類似今日中國的小品）、說諢話（類似今日的單口相聲）；此外，還有歌舞、木偶戲、皮影戲、魔術、雜技、蹴鞠、相撲等節目。由於瓦舍勾欄裡可以吃喝玩樂，所以遊人「終日居此，不覺抵暮」，「不以風雨寒暑，諸棚看人，日日如是」（《東京夢華錄》）。

勾欄的表演通常都是收費的。收費分兩種方式，一種是收門票，先購票再進入勾欄；另一種是先入場，但在正式表演前會有專人向現場觀眾「討賞錢」。為招攬觀眾，勾欄還會在酒肆、茶坊等熱鬧處張貼「招子」，寫明演員名字與獻演節目，就如同今日劇院貼海報打廣告。

在宋朝，瓦舍勾欄可謂遍布天下，幾乎每個城市都有建造。北宋東京的瓦舍少說有近十座，其中規模最大的瓦舍「桑家瓦子」內設有「大小勾欄五十餘座」（《東京夢華錄》），而最大的勾欄「象棚」居然「可容數千人」（《東京夢華錄》），今日城市中的劇場、體育館，容量也不過如此吧。至於南宋臨安城內外的瓦舍更是多達二十幾座，另有多處獨立的勾欄。

其他城市當然也有，比如《水滸傳》裡的鄆城縣，也設有一處勾欄。在縣衙門當都頭的雷橫，聽說鄆城勾欄來了一個叫白秀英的女藝人，色藝雙絕，想去見識一下，便走進勾欄，找了個貴賓席坐下來。

只見一個老頭，手拿一把扇子，上了勾欄的戲臺，先向觀眾自我介紹：「本老漢是東京人氏白玉喬。如今年邁，只憑女兒秀英歌舞吹彈，普天下服侍看官。」

鑼聲響起，白秀英也登上戲臺，參拜四方：「小女白秀英，來自京城，今天在各位看官面前獻醜了，還請大家多多包涵。」說完開場白，白秀英演唱了一首曲子，跳了一支舞，「歌喉宛轉，聲如枝上鶯啼；舞態蹁躚，影似花間鳳轉」。臺下觀眾不停喝彩：「好！好！果然是從京城來的，名不虛傳。」

白秀英唱過一曲之後，她的父親白玉喬又走上臺來，向喝彩的觀眾表示感謝，宣布正式演出的院本戲即將開始，觀眾都表現得十分期待。這時，白秀英拿起一個盤子，走下戲臺，請觀眾打賞。看來，鄆城的勾欄並沒有實行門票制，而是先來一段熱身表演，然後向現場觀眾討賞錢，再繼續演下去。

雷橫此時就坐在貴賓席上，白秀英討賞錢，首先走到他的跟前。尷尬的是，那天雷橫出門匆忙，忘記帶錢了。

白秀英說：「請官人賞個茶錢。」

雷橫說：「哎呀，不巧。今日忘了，不曾帶得些出來，明日一發賞你。」

白秀英說：「頭醋不釃徹底薄。官人坐在首位，當出個標首，好給其他看官立個榜樣。」

雷橫說：「娘子誤會了，我一時不曾帶得出來，非是我捨不得。」

白秀英說：「官人既是來聽唱，如何不記得帶錢出來？」

雷橫說：「我賞你三五兩銀子也不打緊，卻恨今日忘記帶來。」

白秀英說：「官人今日一文錢也沒有，提什麼三五兩銀子。正是教俺望梅止渴、畫餅充饑。」

聽到這裡，白秀英的父親白玉喬忍不住發話了：「我兒，你自沒長眼睛，不看誰是城裡人村裡人，只顧問他討什麼。且過去問曉事的恩官討個標首。」

雷橫有些生氣了：「我怎地不是曉事的？」

白玉喬說：「你這村夫，若是曉事，狗頭上生角。」

雷橫受了白玉喬出言侮辱，大怒，一拳一腳，將那白玉喬打得唇綻齒落。白秀英見狀，著急了：「爹爹，爹爹！你這莽夫，怎麼隨便打人呢？我要去報官。爹爹，爹爹。」

白秀英氣不過，告到官府，雷橫因此被送入監獄，最後上了梁山。說起來，這一切只因為他看表演沒帶錢。你看，逃票的後果是多麼嚴重。

鄆城是小地方，平時勾欄裡沒什麼明星藝人，所以從東京城來了一個白秀英，才會引起轟動。要是在東京，白秀英恐怕就是不顯眼的小角色罷了，因為京城的瓦舍勾欄，一般都有演藝圈的明星「大咖」入駐。

瓦舍勾欄若是請到知名藝人獻演，當然要大打廣告，招攬觀眾。有一套元曲，題目叫〈莊家不識勾欄〉，寫東京城內有一家勾欄，請到了當時著名的藝人劉耍和來演出，所以四處貼出傳單，打出「敷演劉耍和」的廣告文案；換成現在的說法，差不多就是「劉德華主演」的意思。

有一個種田的莊稼漢，進城買祭神用的蠟燭紙錢，經過此處，看到門前圍了一大堆人，一個夥計站在大門口，高聲吆喝：「看官，裡面請！劉耍和獻演，很快就滿座，遲了無處停坐。」莊稼漢聽了很是心動，心想自己大半輩子都不曾入過勾欄，好不容易進城一趟，還趕上了劉耍和的表演，怎能錯過？便掏錢買票，入了勾欄看表演。

當天上演的節目是兩部雜劇，上半場演《調風月》，下半場才是劉耍和主演。莊稼漢看了上半場的《調風月》，被逗得哈哈大笑，但下半場由劉耍和主演的壓軸戲卻未能看到，因為他一時尿急忍不住，只好跑出勾欄，那個狼狽的樣子，還遭到身邊觀眾嘲笑。

北宋東京、南宋臨安的瓦舍勾欄，因為地處都城，還能邀請到「教坊藝人」。「教坊」是皇家藝術團，「教坊藝人」就是在御前表演節目的頂尖藝人；不過他們有時候也會到瓦舍勾欄「走穴」，讓京城市民有機會欣賞到他們的表演。

北宋後期，有個名噪一時的教坊藝人，叫作丁仙現，擅長演滑稽戲，常常在表演中調侃高官，連宰相王安石都不例外。有一次，宋神宗過生日，教坊演雜劇祝壽，丁仙現即興表演了一個節目，飾演一名僧人，說：「我，本事很大，能靈魂出竅，神遊天庭、地府。」宋代的滑稽戲有點像今天的對口相聲，丁仙現的角色好比是相聲的逗哏。另一名藝人則扮演捧哏的角色，問道：「那你都能看見什麼呀？」

丁仙現：「最近，我神遊地獄，見到閻羅殿側有一個人，手裡拿著一幅圖卷，仔細一看，這人原來是都水監的侯叔獻。我悄悄問左右，他拿的是什麼？」

捧哏：「到底拿的是什麼？」

丁仙現：「他們回答我：『侯叔獻認為奈何橋下的河水太淺，所以獻上水利圖，建議閻王爺修整河道。』」

眾人一聽，會心大笑。原來，這侯叔獻是都水監長官，是王安石的得力助手，剛剛去世，他生前在王安石的支援下，大興水利工程，引汴水入蔡河，雖使航運暢通，但工程勞師動眾，百姓深受其苦。丁仙現諷刺他「興水利以圖恩賞」，惡有惡報，死後下了地獄。這個丁仙現，簡直太大膽了。

丁仙現偶爾也到京城的瓦舍勾欄演出。他的演出，總是一票難求；他一登臺，粉絲們就會發出瘋狂的尖叫：「丁大使！丁大使！丁大使！丁大使！」

可不要以為今天才有流量明星，宋朝的瓦舍勾欄裡，最不缺的就是流量明星。

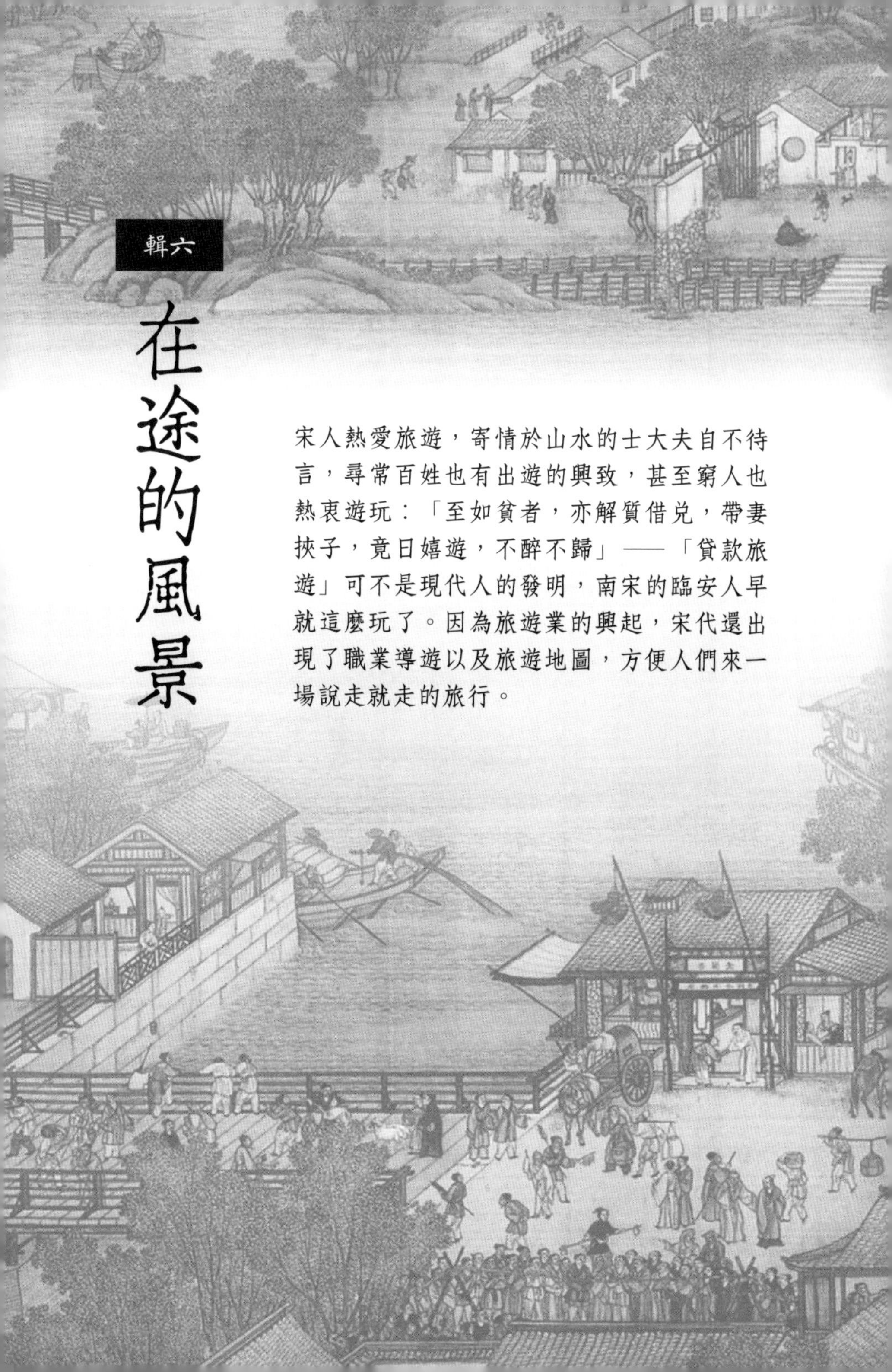

輯六

在途的風景

宋人熱愛旅遊，寄情於山水的士大夫自不待言，尋常百姓也有出遊的興致，甚至窮人也熱衷遊玩：「至如貧者，亦解質借兑，帶妻挾子，竟日嬉遊，不醉不歸」——「貸款旅遊」可不是現代人的發明，南宋的臨安人早就這麼玩了。因為旅遊業的興起，宋代還出現了職業導遊以及旅遊地圖，方便人們來一場說走就走的旅行。

皇家園林任遊賞

北京有一座公園，叫頤和園，相信許多朋友都遊過。我也去過，感覺園裡的昆明湖很大，萬壽山的宮殿也很氣派，但道路、走廊卻很窄小，遊客稍多就顯得十分擁擠。尤其是臨水的蘇州街，只容兩人錯身而過，稍不小心，便可能掉進河裡。

為何會這樣？因為頤和園本是一座皇家園林，是遊客的禁區，在裡面生活的人並不多，除了皇家，就是一些宮女、太監。因此，路不需要那麼寬。當初造這個園子的乾隆皇帝從未想過，有朝一日會有那麼多人湧進來遊園。

也就是說，生活在清朝的一般平民，是不允許進入頤和園遊賞的。但是，對於生活在宋朝的市民來說，他們每一年都可以到東京城的皇家園林盡情遊玩，因為宋朝的一部分皇家園林是定期向公眾開放的，這叫作「開園」。開園的時間，為每年的三四月份；而開園前的二月下旬，宋朝官府就會貼出告示：「三月初一，金明池、瓊林苑等皇家園林將會準時開放，歡迎各位市民前往遊覽；官員若不礙公務，也准許遊園。」

宋朝不但開放一部分皇家園林，且為了讓市民玩得盡興，開園期間，官府還會在金明池內舉行盛大的水上表演，有水師演習、水上雜技、水上木偶戲、游泳比賽、跳水表演、賽龍舟等等，十分豐富。遊客不但可以遊覽皇家園林的湖光山色，還能欣賞到精彩的表演。

春天遊皇家園林便成了宋朝開封府的一大民俗，元宵節剛過，市民已在盼望著皇家園林開園。等到了開園之日，連住在鄉下的村姑都紛紛趕往東京城，要遊金明池、瓊林苑。當時，東京城郊流行一首民諺：「三月十八，村裡老婆風發。」為什麼會意氣風發？因為可以遊皇家園林了。

如果我們生活在北宋京城周邊，每年暮春，想必都會聽到如此對話——

村民：「老婆子，你打扮得這般花枝招展，難不成犯花癡了？」

村民的老婆：「老頭子，你忘了，今天是三月十八，皇家金明池與瓊林苑早就開園了，張大娘子、劉大娘子、吳大娘子昨天都進城了，你不去看看嗎？」

村民：「金明池年年都開園，你年年都去，我看池裡的魚都認得你了。」

村民的老婆：「我說老頭子，前年遊金明池，沒看到大龍舟競標；去年遊金明池，只遊了一天，你就吵著要回家，你現在還好意思說？今年我要是沒玩個夠，你就甭想我回家。」

村民：「年年都看金明池，我都看煩了。」

村民的老婆：「好哇，你天天都看我，是不是也看煩了？」

村民：「唉，那怎麼會呢……」

此時，皇家金明池內，已是熱鬧非凡，遊客如織。金明池東岸尤其喧鬧，因為精彩的水上表演就在池的東南邊。精明的商家早早在東岸搭滿了帳篷，然後租給看水上表演的遊客；東岸臨水大街的建築物，全被商家承包下來，用來開設商鋪、茶坊、酒館、食店、藝人勾肆。各店家的夥計都在招攬生意——

「各位，您走過路過，千萬不要錯過。請進來瞧一瞧，看一看，全場大拍賣，一件只要十文錢，一件只要十文錢。」

「客官，進來歇歇腳，小店茶湯，一碗五文錢。」

「客官，小店美酒名叫『勝茶』，每日只供應五十壇，賣完即止。」

更有意思的是，在金明池東岸的商圈中，還有類似於銀行分行的「質庫」，專為沒帶現金又想消費的遊客提供小額抵押貸款。

金明池的西岸比較荒涼，遊人稀少。不過，聰明的宋朝商家自有招攬顧客的妙招：他們推出「有償釣魚」專案。《東京夢華錄》記載：「其池（金明池）之西岸，亦無屋宇，但垂楊蘸水，煙草鋪堤，遊人稀少，多垂釣之士，必於池苑所買牌子，方許捕魚。遊人得魚，倍其價買之，臨水斫膾，以薦芳樽，乃一時佳味也。」我們且根據這段記述演繹一段商家招攬顧客的對話——

商家：「金明池西，最宜釣魚，歡迎各位來這裡垂釣。」

遊客：「誰都可以在這裡釣魚？」

商家：「娘子，您要先買一塊牌子，才可以釣魚。一塊牌子五十文錢。」

遊客：「哎呀，不知金明池還能釣魚，沒帶釣竿來。」

商家：「這位娘子，敝處有釣具，一應俱全，免費供應，另有茶水侍候。」

遊客：「釣魚嘛，釣不上覺得沒樂趣；若釣上了，這魚又不知如何處理。」

商家：「娘子您只管釣魚，釣上了，您只要掏一點工錢，敝處幫您現場殺魚，做成美味的刺身，把酒臨風，臨水斫膾，這可是人生莫大的享受啊。」

遊客：「有意思，有意思。給我一塊牌子，我要釣魚。」

因為金明池十分熱鬧，遊人絡繹不絕，其中不乏年輕的紅男綠女，愛情似乎因此特別容易降臨。遊過金明池的王安石寫過一首〈臨津〉，回憶池畔的春色撩人：「臨津豔豔花千樹，夾徑斜斜柳數行。卻憶金明池上路，紅裙爭看綠衣郎。」少女趁著遊園的機會，嬉嬉鬧鬧，偷看路上的帥哥，若那男的有意，也多瞅了女方幾眼，眉目傳情，愛情便發生了。

宋話本《金明池吳清逢愛愛》便講了一個發生在北宋金明池的愛情故事。

東京開封府有個小員外，叫吳清，是個風流浮浪之人。這一日，他與兩個朋友同遊金明池，只見園裡桃紅似錦，柳綠如煙；踏青仕女紛紛至，賞玩遊人隊隊來。在熙攘的人流中，吳小員外看到一群女子，如百花鬥彩，萬卉爭妍，其中有一位身穿杏黃衫子的少女，十五六歲模樣，吳小員外見了，便如被勾走魂魄一般。

次日，為見那名少女，吳小員外又約了朋友，再遊金明池。吳小員外在遊人中往來尋覓，卻怎麼也尋不著昨日的少女，心中悶悶不樂。朋友提議，不如找地方喝杯小酒。他們在池畔找了家小酒肆，上前問道：「店家，有人在嗎？」

只見裡面走出一個十五六歲、長得像花朵般嬌豔的少女來，正是昨天吳小員外遇見的女子。原來這家小酒肆，就是她家開的。吳小員外上前搭訕，那少女見是年輕的小夥子上門喝酒，心裡也很高興，笑吟吟地給他們倒酒。

正當這個時候，卻聽得門外驢兒蹄響，是小姐的父母回來了。吳小員外不敢再與小姐說話，付過酒錢，怏怏而回。

次年春天，金明池又開放了。吳小員外來到那家小酒肆，卻見門戶蕭然，裡面只有一個老頭子、一個老婆子。吳小員外上前行禮——

吳小員外：「丈人您好，有酒請打一角來。」

老頭子趕緊招呼客人：「客官請坐。」

吳小員外：「丈人，去年到此，只見有個小姐量酒，今日如何不見？」

那老兒聽了，兩行淚下：「覆官人，老漢姓盧，官人所見量酒的，是老拙女兒，小名愛愛。去年今日，不知何處來三個輕薄男子，和她吃酒，老拙責備了她兩句言語，不想女兒性子硬，不思飲食，數日便去世了。這屋後小丘，便是女兒的墳。」

吳小員外從金明池回家，一路感傷不已。這一日晚上，盧愛愛出現在他的夢中，讓他到褚家莊的褚老員外家求親。

吳小員外到了褚家，才發現褚家的女兒，相貌長得很像去年他在金明池遇見的杏黃衫女子，而且她的芳名也叫愛愛。去年清明前二日，她入城探親，身穿杏黃衫，到金明池遊玩。

吳小員外與褚愛愛成親後，朋友說：「此段姻緣乃盧愛愛成就，不可忘記她的功勞。」吳小員外夫婦覺得有道理，即日又到金明池盧家酒店，拜認盧老漢夫婦為岳父母，請高僧為盧愛愛做了七天法事。夜裡，又夢見盧愛愛來道謝。其後，吳小員外與褚愛愛百年偕老。

一千年前的宋朝人，可以去逛皇家園林；今天，我們可以遊頤和園。等到天氣暖和了，要不要一起去走走？

私家名園不閉門

南宋著名詩人陸游一生寫過無數首詩歌，流傳至今的就有近萬首。其中，最觸動我心弦的一闋詞，是他的〈釵頭鳳〉：「紅酥手，黃縢酒。滿城春色宮牆柳。東風惡，歡情薄。一懷愁緒，幾年離索。錯，錯，錯！春如舊，人空瘦。淚痕紅浥鮫綃透。桃花落，閒池閣。山盟雖在，錦書難托。莫，莫，莫！」

這闋傷感的〈釵頭鳳〉是陸游寫給前妻唐琬的傷心之作，訴說了一個纏綿悱惻的愛情故事。怎麼回事呢？

陸游與唐琬是姑表兄妹，從小青梅竹馬，長大了遂結為夫妻。婚後，兩人很是恩愛。然而，陸游母親對兒媳卻很看不慣，經常指責唐琬，甚至要求陸游與唐琬離婚。陸游是個孝子，在母親的壓力下，只好給了唐琬一紙休書。

離婚之後，唐琬改嫁宗室子弟趙士程。南宋紹興二十五年（一一五五）春，陸游遊紹興沈氏園，沒想到竟遇到了唐琬夫妻。史料對陸游與唐琬、趙士程偶遇過程的描述比較簡略，不過我們可以展開想像力，演繹他們邂逅的情景——

陸游：「琬、琬兒……表妹，趙夫人，你們也來遊園……」

唐琬：「表哥，好久不見。」

陸游：「真沒想到，能在這裡遇見你們。」

唐琬向趙士程介紹陸游：「士程，這位是陸游陸大官人。」又向陸游介紹趙士程：「表哥，這位是拙夫趙士程。」

趙士程：「陸兄，久仰了。娘子經常說起你。」

陸游：「趙兄，幸會幸會。」

唐琬：「士程，我們走吧，不要打擾表哥遊園了。」

趙士程：「琬兒，今日難得一見陸兄，不如，我們就請陸兄喝杯酒。你將我們這次帶來的黃縢酒取出來，我與陸兄不醉不歸，哈哈！」

唐琬：「表哥，我敬你一杯。」

陸游：「我也敬趙兄與表妹一杯，祝你們百年好合。」

趙士程：「陸兄，來來來，再喝一杯。」

陸游：「多謝趙兄美意，我恐怕不勝酒力。」

唐琬：「士程，表哥好像喝多了，不如我們……」

趙士程：「琬兒，莫急。陸兄，平時經常聽琬兒說起，說陸兄平日最愛喝酒，再喝一杯又有何妨。」

唐琬：「士程……表哥……唉。」

陸游看著眼前的唐琬已嫁作他人婦，心中鬱悶無處排解，幾杯酒下肚，便乘著酒意，提起筆來，在沈氏園的牆壁上，題下這闋〈釵頭鳳〉。唐琬不勝傷感，同樣和了一闋〈釵頭鳳〉。而後，沈氏園一別未幾，唐琬便鬱鬱而終，實在可嘆。

陸游遇見唐琬的沈氏園，如今是浙江紹興的一處著名景點，園內牆壁上還留有這闋〈釵頭鳳〉——當然，那不是陸游的真跡，而是後人寫的。而在八百年前，沈氏園是一處私家園林，大概造園的主人家姓沈，所以叫「沈氏園」，又稱「沈園」。陸游曾多次遊沈園，寫下好幾首沈園詩，表達他對唐琬的深切思念。

沈園是私家園林，為什麼陸游可以想來就來呢？這是因為，宋朝的私家園林有著向公眾開放的慣例，園主人擁有一處漂亮的園林，會非常歡迎大家進去參觀。如果園主人將園子鎖起來，不讓外人遊賞，那是會遭人笑話的。

北宋東京市民有「探春」的習俗。元宵節過後，宋人會趁著春光，出城遊春，東京城郊，百里之內，並無閒地，全是私家園林，這些私園全都任遊人賞玩。南宋臨安市民一樣保留了「探春」的習俗，西湖畔也有非常多的私家園林，同樣「放人遊玩」（《夢粱錄》）。其中的蔣苑使園圃，占地面積不大，但造景十分精緻，不但有亭臺花木，園主人還在旅遊旺季舉辦鬥雞、蹴鞠等活動，設立跳蚤市場，以娛遊人，跟現代的公園實在沒什麼區別。

宋時，洛陽的園林尤其馳名天下，宋人是這麼形容的：洛陽「貴家巨室，園囿亭觀之盛，實甲天下」（蘇轍〈洛陽李氏園池詩記〉）。李清照的父親李格非寫過一篇〈洛陽名園記〉，收錄了洛陽名園十九處，幾乎都是私家園林。

洛陽還有一樣東西名揚天下，那就是牡丹。洛陽名園多種植牡丹，春時牡丹盛放，滿城花香，前往洛陽逛園、賞花的遊客絡繹不絕。北宋有一位大學者邵雍，寫過一首〈洛下園池〉詩：「洛下園池不閉門，洞天休用別尋春。縱游只卻輸閒客，遍入何嘗問主人。」意思是說，洛陽的私家園林都不關門，任人入園尋春，連園主人是哪位都不用問，完全不必擔心會被園主人趕出來。

那麼，宋朝人到別人家的私園裡遊玩，需不需要花錢買門票呢？有一些私家園林確實是要收費的。北宋末，有一個叫朱勔的官員，在蘇州修建了一座非常豪華的私家花園，裡面種植牡丹數千株。每至花季，朱勔都會讓園丁打開大門，放人入園賞春。不過，男性遊客入園，每人要交二十文錢，女性與兒童則免費，甚至還有酒食招待，以及髮簪、耳環一類禮品相送。

更多的宋朝私家園林，是免費開放給遊客遊覽的。北宋大學者司馬光，在洛陽造了一座私園，名為「獨樂園」，但事實上是「眾樂園」，因為它也是免費向公眾開放的。

當然，遊客如果覺得白白逛了一座漂亮的園子，很不好意思，也可以給看門的園丁一點小費，叫「茶湯錢」，數額隨意。幫司馬光看守獨樂園的園丁，每逢旅遊旺季，就能收到不少茶湯錢。按照洛陽慣例，園丁得到的小費，一半歸園主人，一半歸自己。有一日，園丁來找司馬光：

園丁：「司馬相公，本月遊客給的茶湯錢，一共有二十貫，我留下了十貫，這十貫是您的。」

司馬光：「哎呀，這都是遊客送你的小費，我怎麼能要？你拿著就好。」

園丁：「司馬相公，按洛中慣例，我就拿一半。不是我的，我不能要。」

司馬光：「不不不，這些錢都是你的。」

司馬光堅決不收茶湯錢。過了一段時間，他在獨樂園裡見到一座新修建的井亭，就是蓋在水井上的小亭子。詢問園丁，才知道是園丁用那十貫錢修的。

正因宋朝的私家園林是開放的，陸游與唐琬才可以到沈園春遊，兩人才會在園中相遇，也才有了那闋打動人心的〈釵頭鳳〉。不過，發生在宋朝私園裡的邂逅，也不盡然都是〈釵頭鳳〉這樣的傷心故事：

洛陽有一個讀書人，名叫張浩，已屆弱冠，尚未婚配。父母逼他去相親，他說：「大凡百歲姻緣，必要十分美滿。我如未遇意中人，寧願孤老終身。」

張浩家也有一座園林。這一日，他遊自家園林，在園中宿香亭遇見一名年輕女子，長得花容月貌。張浩有一種似曾相識的感覺，情不自禁，走過去施禮，那女子也斂衽答禮。

張浩說：「敢問小姐是誰家娘子，因何到此？」

女子說：「妾身是君家東鄰鶯鶯，聽聞君家牡丹盛開，故而到此一遊。」

張浩說：「敝園荒蕪，不足寓目，幸有小館，欲備餚酒，以盡地主之誼，如何？」

鶯鶯說：「妾身這次遊園，其實也是想見君一面。」

原來，鶯鶯是張浩鄰居，幼時與張浩青梅竹馬，只是長大後，拘於禮法，兩人未再見面。鶯鶯對張浩傾慕已久，這次便趁著賞春的機會，到張家園林賞牡丹，希望能在園中見情郎一面。果然，兩位有情人在園中遇見了。於是，他們在宿香亭下，立下山盟海誓，成就了一段姻緣。

張浩抱得美人歸，應該要感謝宋時私家園林對外開放的傳統，如此才有機會與意中人在園中邂逅。想想，也是挺美好的。

錢塘江邊觀大潮

假如你是一個愛旅遊的宋朝人，準備來一趟「說走就走的旅行」，那我建議：如果是春天，可以到東京遊覽皇家園林，或者到洛陽逛名園、賞牡丹；如果是秋天，則必須到臨安看錢塘江大潮。

今日，每年中秋節前後，都有數以萬計的遊客前往浙江海寧觀潮。幾年前我也看過一次，江潮浩浩蕩蕩、席捲而來的壯觀場面，實非言語所能形容，只能感嘆大自然的造化。

和我們一樣，宋人也會在八月觀賞錢塘江大潮。觀潮的最佳時間，是農曆八月十五至十八。每年八月份，錢塘江開始怒潮澎湃，從十一日開始，便有成群遊客慕名而至；到了十八日，臨安人更是傾城而出，車馬紛紛，都是出城觀潮的人。

宋朝人觀賞錢塘江大潮，不用跑到海寧，因為宋朝時，觀潮的最佳地點，是臨安的鳳凰山一帶；隨著地形緩慢改變，到明朝時，海寧才成了觀潮的勝地。

尚未看過錢塘江大潮的朋友，不妨先聽聽宋朝人周密在〈觀潮〉中的描述：「方其遠出海門，僅如銀線；既而漸近，則玉城雪嶺際天而來，大聲如雷霆，震撼激射，吞天沃日，勢極雄豪。」

《水滸傳》裡，從未見過海潮的魯智深，在錢塘江邊的六和寺歇息，半夜裡突然聽見潮聲雷響，還以為是戰鼓響起，敵人來襲，急忙從床上跳起來，抄起禪杖，大喝著搶出來，準備迎敵。六和寺的僧人被魯智深嚇了一跳，趕緊拉住他。

眾僧：「師父趕出何處去？」

魯智深：「洒家聽得戰鼓響，待要出去廝殺。」

眾僧：「師父錯聽了，那不是戰鼓響，而是錢塘江的潮信響。」

魯智深：「為何喚作潮信響？」

眾僧推開窗戶，指著潮頭叫魯智深看，說道：「這潮信日夜兩番來，不違時刻。今朝是八月十五日，合當三更子時潮來。因為從不失信，所以稱為潮信。」

今天，我們在海寧看到的錢塘江潮信，也是如此壯麗，準時而來。不過，宋朝人還能看到我們今人看不到的一幕：每當錢塘潮信來時，總有一批吳越勇士，披頭散髮，手持彩旗，出沒於潮頭。這叫作「弄潮」，是宋朝臨安的獨特風俗。

如果說錢塘江大潮是大自然的造化，那麼，弄潮便是人們對這一造化的挑戰，更加震撼人心。

在宋朝，弄潮其實是一項商業性的極限運動。每年的七月份，臨安的職業弄潮兒便在鬧市豎起一面旗幟，上面寫著自己的名號，並說明自己將在八月哪一天入錢塘江口弄潮，歡迎圍觀、打賞。而愛看熱鬧的市民、商賈，則紛紛請弄潮兒喝酒，送他們財帛，以茲鼓勵。

待到八月潮信將至之日，弄潮兒手執彩旗，早早守候在錢塘江口，看著潮水遠遠地自天際愈湧愈近、潮聲愈來愈響、潮頭愈來愈高——終於，其聲震地，其勢如山，奪人心魄，觀潮的人只覺得一顆心快要跳出胸腔。

此時，岸上鑼鼓喧天，為弄潮兒打氣，弄潮兒則披頭散髮、赤身露臂，擎著大旗，迎著潮頭而上，「出沒於鯨波萬仞之中，騰身百變」（周密〈觀潮〉）。他們必須做到——不管潮起潮伏，手中擎著的旗幟不能被潮水打溼。

有一闋宋詞這麼描繪錢塘江弄潮的驚險場面：「長憶觀潮，滿郭人爭江上望。來疑滄海盡成空，萬面鼓聲中。弄潮兒向濤頭立，手把紅旗旗不溼。別來幾向夢中看，夢覺尚心寒。」（潘閬〈酒泉子〉）

潮退之後，表演結束，便是評獎、頒獎的時刻。凡是在大潮撲來之際，抓準時機一躍而上，浮於潮頭，身影高於其他人，且手中旗幟不溼的弄潮兒，為優勝者，可以獲得非常豐厚的賞金；其他能夠隨波上下、旗幟也不被打溼的弄潮兒，也能得到金帛美酒之賞，只不過賞金不如優勝者那麼豐厚。這些賞金，都來自臨安商家、市民的捐贈。

想像一下，弄潮主辦方高聲報出打賞單位與賞金的情景——

「劉家金銀鋪賞弄潮優勝者白銀五十兩，會子一百貫！」

「豐樂樓賞弄潮優勝者美酒五十壇！」

「張員外賞弄潮勇士每人白銀二十兩！」

「寺橋金家飯店許弄潮勇士免費吃喝三天！」

儘管弄潮兒得到的賞錢豐厚，弄潮畢竟還是一項非常危險的運動，稍不小心，便會被怒潮捲走，葬身魚腹，屍骨無存。事實上，每年都有一些弄潮兒不幸遇難，妻子、兒女「望哭於水濱」（《夢粱錄》）。因此，北宋時，官府曾制定《戒約弄潮文》，禁止民間弄潮。然而，由於弄潮運動具有眾多支持者，官府的禁令很快就成為一紙空文，民間照樣籌辦。

宋朝人在錢塘江，不但可以看民間的弄潮表演，還能觀賞官府舉行的軍事演習。軍演的時間是八月十八日，由臨安府尹調集駐臨安城的水師，以及數百艘戰船參加。演習類比兩軍展開水戰，《夢粱錄》中如此描述：「舟楫分布左右，旗幟滿船，上等舞槍飛箭，分列交戰，試炮放煙，捷追敵舟，火箭群下，燒毀成功，鳴鑼放教。」比民間的弄潮更加驚心動魄。

因為在錢塘江口可以觀潮、欣賞弄潮表演和水上軍事演習，所以，每年中秋節前後，宋朝人總要趕往臨安觀潮，尤其是八月十八這一天，幾乎是傾城而出。鳳凰山一帶十餘里間，車馬塞途，「珠翠羅綺溢目」（《武林舊事》）。意思是說，到處都有出來觀潮的仕女；錢塘江邊更是搭滿帳篷，租給觀潮的市民。

既然觀潮人群中「珠翠羅綺溢目」，那麼，若不擦出一點愛情的火花，怎麼也說不過去吧。所以，讓我再說一個發生在錢塘江邊的愛情故事。

話說南宋臨安城錢塘門外，有一個商家子弟，叫作樂和。他與舅舅安三家的鄰居喜順娘是青梅竹馬。長大後，樂和非順娘不娶，順娘也非樂和不嫁。樂和央求舅舅安三前去說親，但安三認為，喜家是官宦之家，與樂家門戶有別，這門親事肯定說不成。樂和聽後，遂失魂落魄。

這一日，正是八月十八，錢塘潮生，樂和聽說喜家全家都去看潮，也換了新衣裳，來到錢塘江口，在人群中尋尋覓覓，終於看見順娘在一個席棚裡面。順娘也看到了他。兩人隔著人流，脈脈相望。

突然，有人大喊：「潮來了！」話猶未絕，耳邊響起山崩地裂之聲，只見潮頭有數丈之高，一湧而至，比往年的更大，直打到岸上高處，衝倒席棚，將席棚裡的順娘捲入江中。樂和見順娘被潮水捲走，也「撲通」一聲，跳入水中，隨波而去。

順娘的父親見女兒落水，急壞了，亂呼：「救人救人！救得我女兒，自有重賞！」幸虧江上有一幫弄潮兒，踏著潮頭，如履平地，將順娘撈救起來。撈起來一看，才發現救上來的不只一人，除了順娘，還有樂和。兩人緊緊抱在一起，分拆不開、叫喚不醒，體尚微暖，一副不生不死的模樣。

此時，樂和的父親終於趕到現場，放聲大哭：「兒啊！你生前不得佳侶，誰知你死後方成連理枝！」

順娘的父親說：「樂丈人，如今哭也沒用。大家都來叫喚，若喚得醒時，我情願把小女許配與令郎。」

於是，兩家一邊喚女，一邊喚兒，約莫叫喚了半個時辰，樂和與順娘才悠悠醒轉。經過這一番生死磨難，一對有情人終成眷屬。

這個故事也提醒我們，在錢塘江觀潮，一定要小心，潮水很容易將人捲走，並不是每一個落水的人都能如故事裡的樂和、順娘那般幸運獲救。所以，如果你去觀看錢塘江大潮，千萬要注意安全哦。

最愛玩耍成都人

如果要評選哪一個地方的市民最愛玩、最會享受生活，我會投成都人一票——聽說成都人聽到地震警報，還能若無其事打完一圈麻將。酷熱的夏天，成都人會找一處山林，在樹蔭下、溪流中支起一張麻將桌，悠哉打牌，忘卻世間煩惱。

成都人愛玩，是有歷史傳統的，宋朝時的成都人，就以熱愛嬉遊出名。元人費著在《歲華紀麗譜》中如此形容成都民風：「成都遊賞之盛，甲於西蜀，蓋地大物繁，而俗好娛樂。」

假如宋朝東京、洛陽、臨安與成都四地的背包客聚在一起聊天，他們的對話大概是這樣的：

東京人：「我們京城人都愛旅遊，每年春天，我們都要去遊皇家園林。」

洛陽人：「我們洛陽人才愛旅遊，每到牡丹花開時節，滿城男女老少都出來逛名園、賞牡丹。」

臨安人：「我們臨安人不但愛踏春，秋天還要傾城出動，去看錢塘江大潮。」

一旁的成都人一直微笑不語，另三人一齊問他：「你們成都人呢？」

成都人說：「我們成都人一年四季都在遊山玩水。」

這位成都背包客並沒有說大話。別的地方，人們出遊是季節性的，有旺季、淡季之分，但宋朝成都人旅遊，不受季節限制，每個月都是旺季。心情不好時，要出去走走、散散心；心情好了，更是要出門玩耍。《歲華紀麗譜》中，便收錄了宋朝成都人從正月初一一直到冬至節的「遊樂路線圖」：

正月元日，即春節，成都人習慣出遊安福寺。次日，又遊東郊，官府在大慈寺大擺宴席，宴請地方仕紳、市民代表。

元宵節，放燈三天，看花燈。二月二日，是成都的踏青節，滿城人出城遊賞，官府組織彩船遊錦江。三月，遊學射山，遊蠶市。

蠶市是促銷養蠶用具的購物節，另外也賣農具、花木果實、草藥什物，說是農產品市集或許更準確。成都官府為了吸引市民，還會舉辦表演，即使你不買東西，也可以前往觀賞。有關詞如此描述蠶市的熱鬧：「成都好，蠶市趁遨遊。夜放笙歌喧紫陌，春邀燈火上紅樓。車馬溢瀛洲。」（仲舒〈憶江南・成都好〉）

寒食節、清明節前後，官府開放衙門的園林，縱人遊覽。五月五日，官府又在大慈寺設宴。七月七日，又設宴於大慈寺，讓市民觀錦江夜市。七月十八日，大慈寺舉行盂蘭盆活動。八月十五日，中秋玩月，官府宴請仕紳於大慈寺。九月九日，遊藥市。

藥市即藥材博覽會，熱鬧場面不亞於蠶市。每年九月初九重陽節，成都藥市拉開序幕，一大早，全川所出藥材彙集於此，甚至有波斯商人販賣進口藥材。藥商吆喝、道士站臺，即便不買藥的讀書人，也紛紛走入藥市「深呼吸」，因為相傳吸入藥市上瀰漫的藥氣，可以袪病延年。由於太過熱鬧，九月九日逛藥市便成了宋代成都人的一項遊樂活動，官府也鼓勵人們盡情遊樂，在藥市設置棚屋，方便市民遊觀時歇息，又在市中置酒，請參觀的市民喝酒。

冬至節，官府又設宴於大慈寺。宋時成都的官員經常在大慈寺設宴，款待客人、遊覽山色。地方上層社會的遊宴活動，必然帶動了當地的節日遊玩風氣。

除了佳節宴遊，每個月份還都有一個購物節，統稱「十二月市」：正月燈市，二月花市，三月蠶市，四月錦市，五月扇市，六月香市，七月寶市，八月桂市，九月藥市，十月酒市，十一月梅市，十二月桃符市，蠶市與藥市只是其中的兩個而已。不管是什麼購物節，愛玩的成都人都將它們過成「夜放笙歌」的狂歡節。

更有趣的是，藥市、蠶市、扇市、香市、寶市，都在大慈寺舉行。大慈寺是佛門聖地，相傳唐三藏即在此受戒；同時大慈寺又「地居沖會，百工列肆，市聲如雷」（郭印〈起悟院記〉），是「十二月市」的重要交易場所。然而，宋朝的成都人並不認為紅塵的喧囂、購物節的世俗狂歡會攪擾佛家清靜；相反，他們認為，這恰恰是人間繁華的表現，「以遊觀之多，而知一方之樂也」（侯溥〈壽寧院記〉）。

宋朝成都的嬉遊之風，既是出自人之天性，也是受地方官府鼓勵的結果。五代與北宋初，官府對成都人愛遊蕩的風氣是很警惕的，每年二月踏青節，成都人出城郊遊，地方官就在各山頭設立崗哨，派人把守，密切監視郊遊者，以防他們聚眾生事。後來，一個叫張詠的官員來成都當太守，手下告訴他：「太守，您初來乍到，恐怕有所不知，成都人最愛遊蕩，不務正業。二月份有個踏青節，這一日，成都人到處遊蕩，衙門為了提防他們惹是生非，費了不少力氣。」

張詠卻說：「不就是喜歡遊樂嘛，人之常情，人之常情。與其處處提防，不如因勢利導，為市民提供遊樂的便利，讓他們玩個夠。」

因此，在二月初二踏青節，張詠乾脆組織了數十艘官船，張燈結綵，又請成都的女藝人，在船頭載歌載舞，吹吹打打，大張旗鼓遊錦江，吸引郊遊的市民都跑到江邊看彩船。一時間，「士女駢集，觀者如堵」（《歲華紀麗譜》）。這是成都的「小遊江」，之後每年踏青節，成都官府都會舉辦。

比「小遊江」更熱鬧的是「大遊江」。「大遊江」的地點在浣花溪，時間為每年四月份。遊江之日，成都市民傾城而去，都人仕女，莫不麗服靚妝。有船的人家，會將船裝飾一新，飾以彩繪，簫鼓弦歌，喧鬧而行；沒有船的人家，則在岸邊搭建帳篷、看棚，觀賞江中遊船。成都官府也在浣花溪安排水戲表演，設置酒席，讓眾人玩得更盡興。

每年春季，成都官府還會打開衙門附屬園林「西園」的大門，讓市民入內遊賞、玩耍。西園內，設有酒壟花市、茶房食肆、藝人勾欄，方便遊園的市民飲食、購物、娛樂。不僅如此，西園開園首日，酒坊還會在園中舉行「說諢話」比賽，類似現在的相聲或單口喜劇，參加比賽的是滑稽戲藝人。比賽的大致情況是這樣的：

幾名參賽的藝人輪流登臺，各講一段單口相聲，從早上一直講到傍晚，循環登場。臺下近處設有貴賓席，供達官貴人就座；貴賓席之外，是供普通市民入座的看棚，分男賓席、女賓席。遊客既是觀眾，也是評審，但他們不需要替藝人打分數，只要哈哈大笑就行。臺上藝人講相聲，凡是能夠將滿場觀眾逗得哄堂大笑一次，即可獲得一枚青紅小旗。一天下來，哪位藝人得到的小旗最多，即為最佳藝人，可以拿到獎勵。西園酒坊夥計高聲報告獲獎名單：

「郭剛，得旗十八枚，為第一名，獲美酒十壇，交子十貫！」

「周波，得旗十五枚，為第二名，獲美酒五壇，交子五貫！」

每一年，成都官府還投入三萬貫錢，用於鼓勵遊宴。看似鋪張浪費，實際上，官府的投入也有回報：這些活動可以刺激消費，光是每年從酒類消費中抽到的酒稅，便有成千上萬貫。

我很喜歡愛玩的成都人，他們很懂得享受生活。我更讚賞給市民提供遊樂便利的成都官府，因為他們成全了成都人對美好生活的嚮往。

說走就走的旅行

今天，如果我們想來一趟「說走就走的旅行」，走上大街，招招手，便能攔到計程車，很快就能直達機場、高鐵站。那宋朝人出行，是乘坐什麼交通工具呢？

我想起以前看過的一部香港電影《花田喜事》，故事背景止是宋朝，但導演又在片中安排了幾個現代場景，造成一種時空穿越的喜劇效果。比如片中的宋朝街頭，停著幾匹馬，卻故意打著「計程車」的廣告招牌。

宋朝城市當然沒有所謂的「計程車馬」，但宋朝城市居民出行，確實可以租馬；而且，對於生活在東京的市民來說，租馬很方便，價格也不貴。《東京夢華錄》記載：「尋常出街市幹事，稍似路遠倦行，逐坊巷橋市，自有假賃鞍馬者，不過百錢。」意思是，東京市民出門，習慣租馬代步，且價格只要百文錢不到。

我們不妨來設想一個場景：假設你是一個宋朝少女，想到金明池看水戲。你站在街邊一招手，便有馬夫牽著馬走過來。

馬夫：「小姐，要租馬嗎？」

你：「請問去順天門外的金明池，要多少文錢？」

馬夫：「包來回嗎？」

你：「包來回怎麼算？不包來回又怎麼算？」

馬夫：「包來回，一共一百八十文。只去不回，一百文錢。」

你：「你只管拉我過去就行。」

馬夫：「好的。小姐您坐好。」

不過，宋朝比較缺馬，張擇端的〈清明上河圖〉中，馬就比牛和驢少。所以，東京人出行，也會租毛驢或牛車；成都的貴婦出遊，也喜歡乘坐牛車。千萬不要以為牛車很土，其實成都富貴人家的牛車，車廂非常華美，坐起來也很舒適。當地老百姓一看有豪華牛車出遊，都要跑去圍觀。

我們今天出門旅行，有時還會請導遊，不過其實導遊這門職業，在宋朝時已經出現了。比如在南宋的臨安城，生活著一群靠導遊為生的市民，叫作「閒人」，他們的日常工作，就是「陪侍涉富豪子弟郎君，遊宴執役」，替他們打探「遊湖酒樓飲宴所在」（《夢粱錄》），獲得一點傭金，養家糊口。

前面介紹過的臨安「四司六局」，也提供導遊服務：如果想找一處風光秀麗的園林、寺院、山水名勝辦個雅集，或者想租一艘豪華遊船遊西湖，都可以找「四司六局」，只要花一點錢，馬上安排妥當。用宋朝人的話來說，就是「立可辦集，皆能如儀」（《夢粱錄》）。

所以，假如你是南宋紹興府的富貴人家，第一次到臨安遊西湖，你可以讓丫鬟先找好導遊。讓我們想像一下丫鬟與導遊談生意的情景——

丫鬟：「大哥，我家官人與娘子明日要遊西湖，請你僱好馬車，幫找一條舒適、乾淨的遊船。對了，遊船的路線也請規劃好，有什麼好玩的景點，都要安排進來。價錢不打緊，重點是要玩得開心。」

導遊：「小姐，你放心，保管安排妥當。」

丫鬟：「有勞大哥了。這是訂金，明日辰時一刻，你再來接我們。」

南宋時，臨安西湖邊有龐大的園林群，皇家、私人、寺院的都有，還有其他數不清的名勝古跡。臨安官府又撥款在西湖風景區興建了湖堤、橋梁、碼頭、亭臺、樓閣等公共設施，並每年出資，「修葺西湖南北二山、堤上亭館、園圃、橋道，油飾裝畫一新，栽種百花，映掩湖光景色，以便都人遊玩」（《夢粱錄》）。因此，每日遊湖的遊客如同過江之鯽，數量非常多。

多數遊客是沒有請導遊的，畢竟請導遊需要花錢。但是，如果你請了導遊，無疑會玩得更加開心，因為哪些景點值得一看、哪些景點人群密集不必湊熱鬧、走哪條路線可以觀賞到更多的風景、在旺季時如何預定好遊船、要如何預約參觀名園……這些只有專業的導遊才清楚。而且，宋朝的導遊還兼職跑腿，你在遊湖的過程中，如果突然想要吃「宋嫂魚羹」，也可以請導遊去買回來，給他一點小費就行。

如果你想節約一點，不想請導遊，只買一份旅遊地圖也是可以的。宋朝人將旅遊地圖叫作「地經」或「里程圖」。在遊客很多的風景區，往往會有小商販向遊客兜售地圖，比如臨安西湖畔的白塔橋，就有印賣「里程圖」的小商店，外地的士大夫來臨安城，都要買一份，好熟悉道路。

有一位不知名的南宋詩人，在白塔橋附近的牆壁上題了一首詩：「白塔橋邊賣地經，長亭短驛甚分明。如何只說臨安路，不較中原有幾程。」詩人的本意，是諷刺南宋人歌舞昇平、不思進取，但我們讀這首詩，還可以讀到另外的資訊：白塔橋銷售的「地經」，圖中標有臨安府的道路、里程、可供歇腳的旅店等等，確實很像今天的旅遊地圖，遊客「按圖索景」，非常方便。

古人繪製地圖，主要是出於政治與軍事目的，因此地圖多藏於官府，與平民無關。到了宋代，才出現大量供遊客購買的旅遊地圖，這是因為宋朝市民的生活漸趨豐富，愈來愈多人會出門旅遊，便有了地圖的需求；另外，也要歸功於宋代發達的雕版印刷業，只有印刷術才能將地圖變成可以大量複製、生產的商品。

人在外地旅行，除了需要一份地圖，還需要先找好住宿的客店。宋朝因為旅遊業興旺，人口流動頻繁，旅宿業因此也很興盛，北宋東京、南宋臨安等大都市，客店林立。用宋朝人自己的話來說，是「沿城皆客店」（《東京夢華錄》）、「客邸最盛」（《武林舊事》）。〈清明上河圖〉中也畫了幾家客店，比如在城內十字大街邊，有一塊廣告招牌，上面寫著「久住王員外家」六個大字，表明這是一間姓王的富豪開的民宿。

各個州府縣鎮也有「驛舍亭輔，相望業道，以侍賓容」（《宋會要輯稿》）。「驛舍亭輔」就是官方設立的旅館。南宋人周必大有一次回鄉，路過衢州的禮賢鎮，雖然只是一個小鎮，但周必大發現，「途中邸店頗多」（《文忠集》）。

所以，外出旅行的宋朝人，不用太擔心找不到旅店住。你風塵僕僕去到一個地方，可以先找一家客店，安頓下來，休息一下，第二天再出門遊玩。旅店夥計見客人上門，當然會熱情接待——

夥計：「客官，您是住宿，還是打尖？」

旅客：「住宿。有勞您幫我挑一間上房。」

夥計：「客官您放心，小店客房，又潔淨，又清靜。樓下有酒菜供應，隔壁還有茶坊，您儘管安心住下來。」

當你在異鄉的旅店住下來，又將怎樣度過漫漫長夜呢？

客店牆壁可題詩

宋朝人很喜歡旅遊，但古時交通不便，所以宋朝人的旅遊通常都是短程的，比如東京人遊皇家園林、臨安人遊西湖、洛陽人逛名園看牡丹。話雖如此，宋朝也是有人進行長途旅行的，而這種時候，就需要住旅店。

假如你是一個出門遠遊的宋朝人，來到一座陌生的城市，在一家旅店投宿。你孤身一人坐在客房中，黃昏時，看著窗外暮色四合，他鄉的萬家燈火逐漸亮起，你也許會感到些許惆悵與寂寞慢慢爬上心頭。這時候，你將如何排遣旅途中的愁緒，度過漫漫長夜呢？沒有手機、沒有網路、沒有社群軟體，難道只能「洗洗睡」嗎？別急。你可以在旅店房間的牆壁上，讀之前的旅客留下來的「題壁詩」。

以前的人們在旅店投宿、在酒樓喝酒，或到哪個名勝旅遊，興致一來，往往會提起筆來，在牆上留言。今天好像有些人也會如此，只不過留下的是一句「某某到此一遊」，簡單粗暴，不是個好習慣。而古人留於牆壁的是一首首詩詞，叫作「題壁詩」。宋朝是題壁詩最興盛的時期，蘇軾的〈題西林壁〉便是其中的代表作：「橫看成嶺側成峰，遠近高低各不同。不識廬山真面目，只緣身在此山中。」

在宋朝，題詩於旅店的牆壁是一種時尚，不必擔心受人非議。不過，也有一些講究的驛館、客店、酒樓，不希望客人的題詩弄髒潔淨的牆壁，但又不好拒絕旅客題詩。因此，他們會準備一批木板，製成屏風的樣子，叫作「詩板」，專供旅客題詩。你到客店投宿，夥計會先跟你打好招呼。

夥計：「客官，看您裝束，是位秀才官人。」

旅客：「正是。不知先生有何見教？」

夥計：「不敢不敢。我看客官是位秀才官人，興致一來，想必要題詩。您若是要題詩，可不要寫在牆壁上，剛刷的粉壁，可不敢寫字。小店專為客官準備了詩板、筆墨，您吩咐一聲，小人馬上送到您的房間裡。」

旅客：「原來如此，曉得曉得。」

因此，一家生意興隆、旅客如潮的宋朝旅店，在房間牆壁或詩板上，通常都寫滿了題壁詩，足夠你秉燭讀上大半宿。你讀這些詩，一定別有一番滋味在心頭，因為每一首詩的背後，往往都隱藏著一個令人唏噓的故事。

宋真宗時期，在京城附近一家驛館投宿的客人，可以讀到一首題壁詩：「三班奉職實堪悲，卑賤孤寒即可知。七百料錢何日富，半斤羊肉幾時肥？」詩中的「三班奉職」，是宋朝的低級官職，薪俸極低，月薪僅七百文錢加半斤羊肉。原來，以前有一個不知姓名的小官員，投宿這家驛舍，在夜深人靜之時，或許是感懷世道不公，輾轉難眠，便在牆上題下這首小詩，發發牢騷，抱怨自己工資太低。有趣的是，讀到這首題壁詩的宋朝下層公務員，都深有同感，紛紛抄錄、傳誦，最後這首詩便傳入朝廷，傳到宋真宗的耳裡。宋真宗說：「下層公務員的工資這麼低，如何指望他們廉潔奉公？」便下詔給「三班奉職」增加工資。

宋徽宗時，在陝西某間驛館投宿的旅客，則會讀到一闋題為〈浪淘沙〉的題壁詞：「目送楚雲空，前事無蹤。漫留遺恨鎖眉峰。自是荷花開較晚，孤負東風。客館嘆飄蓬，聚散匆匆。揚鞭那忍驟花驄。望斷斜陽人不見，滿袖啼紅。」落款「幼卿」，是一個女子的名字，她還為這闋小詞寫了一段序文，介紹了自己的身世。

原來，幼卿自幼與表兄同窗讀書，意趣相投，情愫暗生。到了談婚論嫁的年齡，表兄便托媒人前來求婚，但幼卿父親以表兄未有功名為由，婉拒了這門親事。第二年，表兄參加科考，取得了功名，前往甘肅擔任教職，而幼卿亦已嫁人，丈夫是陝西的軍官。幼卿隨丈夫赴陝，寄宿於驛館，恰好在這家驛館的門口遇到闊別的表兄。昔日青梅竹馬的情侶，如今卻形同陌路，表兄策馬而過，只當沒有看見她，不知是否因為此前求婚未成而耿耿於懷。幼卿心中傷感，所以在驛站的牆壁上寫下這闋〈浪淘沙〉，讀來令人柔腸寸斷。

有時候，你還能在旅店的題壁詩中看到熟悉的名字，那是你某一個朋友之前投宿這家客店時留下來的。你讀了朋友的題詩，心裡不免升起「他鄉遇故知」之感。北宋有位詩人寫了一首詩：「驛舍蕭然無與語，繞牆閒覓故人題。」說的就是旅途寂寞，連一個聊天的夥伴都沒有，只好在驛舍的詩壁上覓讀故人的詩作來消磨時光、重溫記憶。

當然，你如果心中感慨，有話要說，也可以在客店的牆上或詩板上，題一首你自己的詩，就如現今在社群軟體上發文；也可以在別人的題壁詩下面，寫上你的和詩，像是為朋友的發文留言按讚。

最容易吸引旅客「回覆」的宋朝題壁詩，似乎是女子留下的詩詞。南宋有個文人，叫作周輝，常年出門旅行，在旅店投宿時，習慣讀題壁詩打發時間。有一次，他在常山道的一家旅館中，讀到一首格調曖昧的小詩：「迢遞投前店，颼飄守破窗。一燈明復暗，顧影不成雙。」詩末署名為「女郎張惠卿」。後來周輝回程，又投宿於這家旅館，發現張惠卿留下的那首詩，已經成了「熱門貼文」，和詩滿壁。

「回覆」最多的一篇宋朝「貼文」，是宋仁宗時期一位無名女子寫在信州杉溪驛舍的生前留言。這位女子遵父母之命，嫁給了小公務員鹿某的兒子。鹿某為人勢利，撈到官職後，急急帶著家人赴任。兒媳剛分娩三天，也被趕著上路，途中因為勞累奔波，病倒於杉溪驛舍，奄奄一息。臨終前，她將自己的不幸遭遇，題寫在驛館牆壁上。後來投宿杉溪驛舍的旅客，讀到她的臨終留言，都為那女子打抱不平，紛紛在牆壁上「回覆」寫詩，憑弔女子，譴責鹿某。

旅客甲：「好可憐的小姐，唉！」

旅客乙：「那個鹿某人到底是誰？人渣！」

旅客丙：「咱們將他找出來，公諸於世，讓他遺臭萬年！」

眾旅客：「對，將他找出來！」

一眾旅客後來果然將鹿某人的身分查了出來，原來他是宰相夏竦的僕人。人們討厭鹿某的為人，將他斥為「鹿奴」。又有人把眾人憑弔女子、譴責鹿某的一百多首題壁詩收錄下來，編成集子，出版發行，取名《鹿奴詩》。

你看，宋朝時候的旅店詩壁，是不是有點像今天的社群媒體？

輯七

佳節的風情

有人說，中國的傳統節日強調遵從秩序、禮儀，具有強烈的馴化個人目的，所以不被年輕人喜歡。真的是這樣嗎？宋代的七夕，是精巧玩具商品的特賣會，市井煙火氣息濃厚；中秋節，是全民歡飲的日子；春節，朝廷會開放「關撲」（賭博購物遊戲）三天；即使是清明節，也是全民出遊的歡快節日；最為盛大、熱鬧的日子是元宵節，「鬧元宵」的「鬧」字，哪還有「遵從秩序」、「馴化個人」的意味呢？

春節：宋朝居然有「春晚」

春節，是中國農曆的第一個節日。現在的元旦，指的是陽曆的一月一日，這是民國時期才形成的叫法；事實上，古時候的農曆正月初一就是「元旦」，取的是「一元復始，萬象更新」之意。

過春節是從除夕開始的。除夕這一天，宋朝人家家戶戶都要灑掃門庭，貼門神、桃符、年畫，祭拜祖先。宋代的「桃符」，其實就是春聯，因為以前的春聯是寫在桃木板上的。王安石的〈元日〉詩寫道：「爆竹聲中一歲除，春風送暖入屠蘇。千門萬戶曈曈日，總把新桃換舊符。」說的便是：在熱鬧的爆竹聲中，舊年的最後一天即將結束，人們祈望新年生活更美滿，家家戶戶都忙著換上新的春聯。

吃過年夜飯之後，宋朝人迎來了徹夜不眠的大年夜。

我們知道，宋朝時，火藥技術已廣泛應用於節日慶典，人們利用火藥製成響亮的炮仗、璀璨的煙火，在節日裡燃放，圖個熱鬧與喜慶——過年當然也不例外。除夕之夜，宮禁之內，爆竹最響，如同滾雷，響徹里巷。皇室使用的炮仗不但響亮，造型也非常華麗，製成人物、果子的樣子，甚至做成屏風，繪有「鍾馗捉鬼」之類的圖案，點燃後可連響百餘聲。民間市井，也是燈燭煙花「紅映霄漢」，爆竹鼓吹之聲，「喧闐徹夜」（《武林舊事》）。

大人們通宵不眠，圍爐團坐，吃吃果子、糕點，聊聊天，這叫「守歲」。愛玩的年輕人會聚在一起，燃燈燭，玩紙牌，還會有一點小賭注，叫作「試年庚」，即根據輸贏來預測新年運勢。至於孩子們，肯定坐不住，都跑到外面唱兒歌：「賣失智，千貫賣汝痴，萬貫賣汝呆，見賣盡多送，要賒隨我來。」這叫作「賣失智」，兒童以此互相戲謔，但也寄託著人們希望孩子來年變得聰明的願望。

現代中國人過除夕，習慣看「春節聯歡晚會」，那麼宋朝有「春晚」嗎？按照宋朝慣例，每年正月初一，朝廷要舉行國宴，參與宴會的有皇帝、文武百官，以及遼國、西夏、高麗、大理等派來的「賀正旦使」。席間，照例有教坊藝人獻演歌舞、百戲、雜劇等節目，或許這便可以視作宋朝人的「春晚」。

宋朝的春節國宴，照例要喝九盞御酒，每喝一盞酒，欣賞一段表演。第一盞酒與第二盞酒的節目，都是歌舞表演；第三盞酒，則是非常精彩的「百戲」。這時候，宴殿上要搭起幾根戲竿，表演者會在上面表演上竿、跳索、倒立、踢瓶、筋斗等，類似今天的雜技。

第四盞酒，是教坊藝人大合唱；第五盞酒，是教坊小兒隊獻演的大型舞蹈。小兒隊由兩百多名年約十二、三歲的少年藝人組成，他們身著緋綠、紫青色花衫，手執花枝，分成四列進場。領頭的四名紫衫少年手舉貼金牌子，上寫演出的舞蹈名稱：「仙山來絳節，雲海戲群鴻。」

小兒隊跳舞完畢，緊接著是教坊藝人上臺演雜劇。宋朝的雜劇，是簡短的滑稽表演，又叫「滑稽戲」，與今日的相聲、小品差不多。表演時，通常會將時事編入戲中，尤其愛調侃高官。我們耳熟能詳的宋代權臣，如王安石、蔡京、秦檜等人，都曾被雜劇藝人狠狠諷刺過。

為了讓大家領略一下宋朝藝人大膽譏諷時事的風采，我們不妨來欣賞一下宋徽宗時期內廷表演的一場滑稽戲——

先為你介紹一下，接下來要登場的三名教坊藝人分別飾演儒生、道士與僧人，各自解說儒家、道家與佛家的基本教義。

儒生：「我一介儒生，平生所學，可以用五個字概括：仁、義、禮、智、信，這叫作『五常』。」

道士：「我一介道士，平生所學，也可以用五個字概括：金、木、水、火、土，這叫作『五行』。」

接著，輪到扮演僧人的藝人說話，只見他雙掌合十，再緩緩開口說話：「你們兩人所學，都是老生常談，不值得誇耀。」

儒生、道士：「大師，你平日所學，又是什麼？」

僧人：「我平生所學，也可以用五個字概括：生、老、病、死、苦。」

儒生、道士：「你這不也是老生常談？」

僧人：「你們不懂。這五個字含義深奧得多，你若不服，可以問我。」

儒生：「好，我問你，什麼是生？」

僧人：「生，是指學生。今天的學生幸福得很哪，吃得好、住得好，還有獎學金，考試通過了，還能獲得官職，前途無量。朝廷給書生的待遇，也太好了。」

儒生：「有點意思。那什麼是老呢？」

僧人：「老，是指老人家。今天的老人家也很幸福啊，朝廷在各地都設立了公立養老院，讓貧困老人免費養老。」

道人：「什麼又是病？」

僧人：「病，是指病人。今天的病人也有福氣啊，朝廷給他們設立了公立醫院，免費施藥、治病。」

道人：「什麼又是死？」

僧人：「死，指死者。人皆有一死，有的人死無葬身之地，非常不幸，但朝廷修建了公立墓園，免費收葬貧窮的死者，他們也算有福氣。」

儒生：「那什麼是苦？」

聽完這個問題，飾演僧人的藝人閉上眼睛，不回答了。扮演儒生與道人的藝人再三追問：「你說呀，你倒說說看什麼又是苦？」

僧人：「唉，是老百姓受得無量苦，為了支付社會福利，承受苛捐雜稅。」

原來，這齣戲是譏諷宋徽宗與宰相蔡京當時推行的「國家福利政策」，導致稅賦沉重，百姓因此遭受「無量苦」。宋徽宗聽後，也連連嘆息，沒有怪罪藝人。不過，宋朝藝人在「春晚」上表演滑稽戲，還是有分寸，不致太過戲謔，因為有外國使者在場；換句話說，如果沒有外國使者，藝人的表演便會很放肆。

滑稽戲是在喝第五盞酒時表演的；第六盞酒的節目，則是大宋「皇家足球隊」的表演賽；第七盞酒，是教坊女童隊獻演，由四百餘名「容豔過人」（《東京夢華錄》）的妙齡少女組成，表演形式跟小兒隊差不多；第八盞酒，是唱曲子；飲至第九盞酒時，大宋「皇家相撲手」上場表演相撲賽。

宋朝「春晚」不但有各種表演，還有節目主持人，或者說報幕員，叫作「竹竿子」，因為他們登場報幕時，總是手持一根「竹竿拂塵」，也就是帶葉的竹枝。「竹竿子」通常在第四個節目上演前才登場。登場後，「竹竿子」會先致詞，說一些吉祥喜慶的祝福語，然後用朗誦腔報幕：「東風送來了春天的旋律，舞者迎來了春天的陽光。我們飲酒迎春，我們載歌載舞。有請教坊藝人獻演大合唱！」

補充說明一下，這段話已經被我改寫成了今天的「報幕體」，原話則是文謅謅的「四六體」：「東風應律，南籥在庭。餞臘迎春，方慶三朝之會；登歌下管，願聞九奏之和。上悅天顏，教坊合曲。」「竹竿子」在臺上念的致詞、報幕詞，叫作「教坊詞」，通常由文筆優美的翰林學士撰寫。大學士蘇軾就寫過好幾套，比如前面引用的元祐四年（一〇八九）〈紫宸殿正旦教坊詞〉，就出自蘇軾的手筆；翻譯成現在的話，就是「一〇八九蛇年紫宸殿春節聯歡晚會主持人串場臺詞」。

第四、第五、第七盞酒表演的節目，都有「竹竿子」報幕。第九盞酒飲畢，相撲比賽表演結束，「竹竿子」還要登臺致謝幕詞：「難忘今宵，盛世的歌聲我們同分享；難忘今宵，明日的樂章我們再譜寫。讓我們拜別陛下，盡歡歸去！」至此，宋朝的「春節聯歡晚會」正式落幕。

說到這裡，你或許會發現，宋朝「春晚」跟現代春晚不同：後者有電視直播，所有人都可以收看；而前者在內廷表演，觀看的人只有皇帝、大臣與外國使者。

那麼，宋朝有沒有讓大眾觀賞的聯歡晚會呢？也有，不過不是「春晚」，而是「元宵聯歡晚會」。原來，按大宋習俗，元宵節放燈期間，東京皇城的宣德門廣場上，會用竹木、彩帛搭建巨大的燈山，一入夜，燈山萬燈齊亮，將整個廣場照得如同白晝。元宵二鼓時分，皇帝也會乘著小轎駕臨，來賞花燈，然後登上宣德門城樓，觀賞「元宵聯歡晚會」。城樓下早已搭好一個大露臺，諸色藝人就在臺上表演節目；老百姓則圍著露臺看演出，君主與萬民同樂。

元宵：汴梁城中人看人

「正月裡，正月正，正月十五鬧花燈。」這是流行於宋朝的童謠。正月十五元宵節，是宋朝最盛大、最隆重、最熱鬧的節日。人們過元宵節，習慣說是「鬧元宵」，一個「鬧」字，便突出了元宵節的狂歡特色。

宋朝的元宵節，各地都要放燈三夜，從正月十四放到十六，開封府更是連放五天。元宵之夜，月色嫵媚，「誰家見月能閒坐，何處聞燈不看來」（崔液〈上元夜六首〉詩其二），比月色更迷人的，是人間燈火：從大內到坊間，各種花燈爭奇鬥巧。

宮廷的花燈無疑最為豪華：有五丈高的「琉璃燈山」，上面有各式人物，由機關控制，活動自如。至深夜，則「樂聲四起」（《武林舊事》），大放煙花。東京皇城宣德門前的御街上，早已用竹木搭好了用來放燈的棚樓，飾以鮮花、彩旗、錦帛、布畫。入夜，萬燈齊亮，「金碧相射，錦繡交輝」（《東京夢華錄》）。上面站著身姿曼妙的歌伎美女，衣裙飄飄，迎風招展，宛若神仙。

民間百姓家，也是「家家燈火，處處管弦」（《夢粱錄》），燈品至多，有走馬燈、珠子燈、羊皮燈、羅帛燈等；還有一種「無骨燈」，儼然一個大玻璃球，非常奇巧；又有一種名為「大屏」的巨型燈，「灌水轉機，百物活動」（《武林舊事》），用水力驅動旋轉，精妙絕倫。

東京幽坊靜巷的好事之家，則「多設五色琉璃泡燈，更自雅潔」，燈下的如花女眷，「靚妝笑語，望之如神仙」（《武林舊事》）。臨安的各大酒店，點起燈球，奏響音樂，還請了漂亮的女藝人在酒店門前「群坐喧嘩，勾引風流子弟買笑追歡」（《夢粱錄》）。

比華燈更動人的，是燈下的美人。梆子戲《看燈》有一段唱詞說：「正月裡鬧花燈，姊妹娘兒去看燈。城中仕女多齊整，汴梁城中人看人。」元宵放燈，萬人空巷，不僅為觀燈，更為觀人。

北宋大學者司馬光閒居洛陽時，有一年元宵節，司馬夫人想帶著女兒出門看燈，司馬光卻不大樂意。

司馬夫人：「官人，我們出去看花燈了。」
司馬光：「家裡也有花燈，何必跑到外面看。」
司馬夫人：「兼看遊人」。
司馬光：「看人？我不是人嗎？不能看我嗎？」

司馬光性格嚴正，缺乏生活情趣，所以不能理解夫人為什麼要跑到外面觀燈、看遊人。不過，如果你以為宋朝女子平日大門不出、二門不邁，那就錯了。平日裡，東京的仕女即常常出來夜遊、到茶坊喝茶，元宵節則更是狂歡的日子。

放燈期間，宋朝女子都會戴上各種首飾、打扮得漂漂亮亮的，出門賞燈。辛棄疾〈青玉案．元夕〉描述的「蛾兒、雪柳、黃金縷」，便是宋朝流行的女性首飾款式。賞燈的宋朝女子喜歡穿白色的衣裙，因為白衣飄飄，與月色最為般配。她們盡興遊賞，甚至徹夜不眠；次日清晨歸家後，雖然疲憊不堪，卻捨不得小憩片刻，整理一下殘妝，又與朋友出門遊玩去了。

宋朝元宵夜逛街看燈的女子之多，從一個細節便能看出來：每到燈收人散的下半夜，東京、臨安的市民，會手持燈燭出來「掃街」，往往能撿到觀燈女子不小心遺落的髮釵、髮簪等首飾。

觀燈的女子這麼多，這裡面，不知有多少是趁著觀賞花燈的機會，出來與情郎約會？所謂「月上柳梢頭，人約黃昏後」（歐陽修〈生查子．元夕〉），正是發生在元宵之夜的愛情。許多文人都用生花妙筆描述了元宵花燈下談情說愛的紅男綠女：「公子王孫，五陵年少，更以紗籠喝道，將帶佳人美女，遍地遊賞」（《夢粱錄》）、「見許多、才子豔質，攜手並肩低語」（《二刻拍案驚奇》）、「那遊賞之際，肩兒廝挨，手兒廝把，少也是有五千來對兒」（《大宋宣和遺事》）。熱戀的情人們是那麼肆無忌憚，手挽手、肩並肩。東京城裡甚至設有專供少年男女談戀愛的地點：「別有深坊小巷，繡額珠簾，巧製新妝，競誇華麗，春情蕩揚，酒興融怡，雅會幽歡，寸陰可惜，景色浩鬧，不覺更闌。」（《東京夢華錄》）

至於沒有情人的宋朝青年男女，也很容易在元宵節找到他們的愛情。正如一闋宋詞所說：「這一雙情眼，怎生禁得許多胡覷？」（李邴〈女冠子．上元〉）多情少女、風流少年們，明著看燈，眼角卻偷偷看人；男女四目相對，難免擦出一些醉人的火花。所以，宋朝的元宵，不只是庶民的狂歡節，更是少男少女的情人節。

讓我說一個發生在宋朝元宵之夜的愛情故事吧。這個故事記載在宋話本《張生彩鸞燈傳》中，被明朝的文人馮夢龍改編成小說〈張舜美燈宵得麗女〉，講的是：南宋時，越州有一個讀書人，叫作張舜美，是一個英俊標致的才子，來臨安參加科舉考試卻未能中第，便逗留在臨安客店中，一住就是半年有餘。

這一日，正是元宵佳節，外面張燈結綵，臨安市民都在鬧花燈，張舜美也出門遊玩。看著眼前萬燈爭豔，張舜美詩興大發，口占一闋〈如夢令〉，表達他的感受。正念著詞句，人潮中有一個丫鬟，肩上斜挑一盞彩鸞燈，後面跟著一位容貌出眾的少女，冉冉走來。

張舜美一見那少女，立即動了心，便依著《調光經》的教導，故意上前，跟她走在一起，偷偷瞧她。那少女見有英俊少年郎偷偷瞧她，呆了半晌，心裡歡喜，也大膽地看著他，兩個人「四目相對，面面有情」，卻沒有交換一語。走著走著，因為人潮擁擠，兩人便失散了。張舜美尋那少女不著，如同失魂落魄一般。

次日夜晚，他又早早出門，逕往昨夜相遇的地方，立了一會、轉了一會、尋了一會、待了一會，都等不到那少女來。正準備回客店時，忽見小丫鬟挑著彩鸞燈，同那少女又從人叢中擠過來。少女瞥見舜美，笑容可掬。

這一次，兩人同到廣福廟上香，少女悄悄給了舜美一張小字條，上面寫著一首

〈如夢令〉和一段話：「妾身住在十官子巷中，朝南第八家。明日父母兄嫂往舅家賞燈，十七日方歸，只有妾身與侍兒小英在家。請郎君光臨寒舍做客。妾身劉素香拜柬。」原來這少女叫作劉素香。

張舜美看了字條，喜出望外。好不容易捱到次日天黑，來到劉素香家門前，卻不敢走進，便在門口念了一闋〈如夢令〉。劉素香聽到聲音，掀簾出來，將舜美迎了進去。

張舜美：「我是過路之人，承蒙小姐錯愛，不知如何報答。」

劉素香：「我愛郎君胸中錦繡，非圖你囊裡金珠。」

張舜美：「舜美感激小姐垂愛。」

劉素香：「唉，今日已過，明日父母回家，以後不知還能不能再見到郎君。」

張舜美：「我明日托媒人來求親。」

劉素香：「只怕爹爹不肯答應。」

兩人沉吟半晌，素香說道：「你我莫若私奔，免使兩地永抱相思之苦，未知郎君意下如何？」

舜美大喜：「我有一門遠房親戚，在鎮江五條街開了一家招商客店，不如我們前去投靠他們。」

誰知兩人私奔時，又走散了。經過好一番磨難，才又重新相遇，終於「缺月重圓，斷弦再續，大喜不勝」。

對於這類發生在元宵之夜的愛情，有一些正統的文人是看不慣的，比如明朝有一個文人說：「宋時極作興是個元宵，大張燈火……然因是傾城士女通宵出遊，沒些禁忌，其間就有私期密約，鼠竊狗偷，弄出許多話柄來。」（《二刻拍案驚奇》）他的說法帶有偏見，發生在元宵夜的愛情明明很美好，哪裡是什麼「鼠竊狗偷」？「月上柳梢頭，人約黃昏後」，如此良辰美景，豈可辜負？

願天下有情人，都成眷屬。

清明：原來可以很歡快

絕大多數的節日，都可以祝親朋好友「節日快樂」；唯獨清明節，你若是跟朋友說「祝你清明節快樂」，只怕會得罪了朋友——清明節明明是一個祭拜先祖、寄託哀思的日子，怎麼快樂？不過，如果我們祝宋朝人「清明節快樂」，宋朝人一定不會生氣，因為宋朝的清明節，就是一個歡快的節日。

北宋時，每到清明節，東京市民都會出城賞春，在樹蔭下或園圃中，擺上席子，羅列杯盤、食物、美酒，互相勸酬，歡聲笑語，直到傍晚才盡興而歸——這叫作「踏青」。少女也會出來「踏青」，她們坐著小轎，拉開轎簾、擁春光入懷，轎子上還插滿了剛剛採摘的鮮花。張擇端的〈清明上河圖〉中，也可以看到出城郊遊的小轎，轎子上插了柳條——這叫「插柳」，也是宋朝的清明風俗；而那轎子裡坐的，應該就是女子，因為北宋的男人是不習慣乘坐轎子的。

南宋時的臨安，每至清明，則「車馬往來繁盛，填塞都門」（《夢粱錄》），都是出城「踏青」的城裡人。他們或在郊外的名園芳圃、奇花異木之處宴飲，或在西湖的遊船上歡歌飲酒；西湖中還有龍舟比賽，蘇堤一帶，更有各色藝伎表演雜技，以娛遊人。所以，臨安人不論貧富，清明必傾城而出，笙歌鼎沸，鼓吹喧天，樂而忘返；到了月掛柳梢時，西湖上還是樂聲嘹亮。這是多麼快樂的節日。

臨安附近的紹興，是陸游故鄉。陸游有一首〈春遊〉詩，寫的是紹興市民春遊鏡湖的情景：「鏡湖春遊甲吳越，鶯花如海城南陌。十里笙歌聲不絕，不待清明寒食節。」你看，未到清明已鶯花如海、十里笙歌，則清明時盛況，便不難想像了。

《曆書》說：「清明，時萬物皆潔齊而清明，蓋時當氣清景明，萬物皆顯，因此得名。」清明是萬物滋長、生命萌動的好時節；天氣不冷不熱，正適合出遊踏青。

「柳外雕鞍公子醉，水邊紈扇麗人行。」（晁詠之〈西池唱和詩〉）這是宋朝人描述清明時節少男少女遊山玩水的詩句。出來遊山玩水的人多了，便有故事發生了，讓我來講一個宋話本《西湖三塔記》裡的故事。

南宋孝宗淳熙年間，臨安府湧金門有一個少年郎，叫作奚宣讚，年方二十餘歲，不好酒色，只喜歡閒耍。這一日，正是清明節，奚宣讚心想：「今日是清明節，佳人、才子俱在湖上玩賞，我也去一遭，觀玩湖景。」便獨自一人離家，出了錢塘門，來到斷橋前，看見一個穿白色衣裙的女孩，正驚慌失措。

奚宣讚就上前問這女孩：「你是誰家女子，何處居住？」

女孩說：「奴家姓白，小名叫作卯奴，在湖上住。和婆婆出來閒走，不見了婆婆，迷了路。」

說著，這位名叫白卯奴的女孩便扯住了奚宣讚的衣襟，一直哭著不肯放手。奚宣讚只得領了女孩，搭船到湧金門上岸，回到自己家中。

母親見狀覺得奇怪，就問他：「我兒，你去閒耍，卻如何帶這女孩回來？」

奚宣讚跟母親說明了經過，奚母聽了之後也沒多想：「這是好事，倘若她家人來尋時，再讓她回家。」

白卯奴在奚家住了十餘日。某日，一位鶴髮如銀的黑衣婆婆尋上門來，說她是白卯奴的婆婆。她一見到白卯奴，便十分激動：「擔心死我了。自那日與你失散，我找你找得好苦，一家一家問過來，才問到這裡的。不知是誰救你在此？」

白卯奴說：「是奚官人救我在這裡。」

婆婆說：「大難中，難得奚官人相救，不如請奚官人到家，備酒以謝恩人。」

於是，奚宣讚便跟著婆婆，到白卯奴家中做客。白家還有一個生得如花似玉的白衣少婦，是卯奴的媽媽。

奚宣讚在白家住下來後，才發現那白衣少婦竟然是個妖精，想吃奚宣讚的心肝，幸虧白卯奴心軟，放了他逃走。

奚宣讚有一個叔叔，叫奚真人，是在龍虎山學道的道士，得知消息後，趕回老家，施法收了白衣娘子一家。原來，這白衣娘子是一條白蛇，卯奴是烏雞，黑衣婆婆則是水獺。奚真人又造了三座石塔，將三個妖精鎮在塔下。

你會不會覺得這個故事有點眼熟？沒錯，《西湖三塔記》正是《白蛇傳》的母本；而《白蛇傳》中，許仙與白蛇變成的白素貞首次相遇，亦是在清明節。

除了出遊踏青，宋朝人過清明節也會祭拜先人——精確來說，祭拜先人是寒食節的習俗，出遊踏青才是清明節的習俗，只不過，由於寒食節與清明節離得很近，兩個節日的習俗便相互混在一起了。又因為先人的墓塚通常建於山野之間，祭拜完祖墳之後，宋朝人往往順便在郊外遊樂一番，放鬆心情。有一首宋詩這麼寫道：「節序愁中都忘卻，見人插柳是清明。登陴戍出吹彈樂，上塚船歸語笑聲。」（戴表元〈壬午清明〉）祭拜逝者的淡淡哀思，並不影響宋人清明遊春的歡愉。

宋朝之後，寒食節祭祖的習俗完全融入清明節，寒食節便逐漸消失了，祭祖掃墓遂成為清明節最重要的習俗；儘管如此，清明出遊的傳統也一直保留下來。比如在明代，清明祭祖的人們，要給墓塚除草添土，焚燒紙錢、哭拜，但「哭罷，不歸也，趨芳樹，擇園圃，列坐盡醉」（《帝京景物略》）。

我覺得，這可能體現了中國人的生活哲學：「祖宗雖遠，祭祀不可不誠」（《朱子治家格言》）；不過人世美好，也值得縱情享受。節日的哀思送給先人，清明的美景留給人間。

七夕：不乞愛情只乞巧

農曆七月初七是什麼日子？沒錯，是七夕，我知道今天不少年輕人會將七夕當成情人節來過；但是，要是一個宋朝人穿越到現代，看到年輕人這麼做，一定會很驚訝：七夕怎麼會是情人節？不妥，不妥啊。

並非宋朝人不解風情，而是按古代習俗，七夕實在不是一個適合談情說愛、談婚論嫁的日子。古人是這麼說的：「七月七日，迎親嫁女避節。」雖然七夕有牛郎織女鵲橋相會的動人傳說，但按古代占卜家的說法，牛郎織女是「兇日」成婚的象徵，婚姻不會長久。

不僅如此，古人還認為，七月初七這天出生的女孩，運氣會不好。比如施耐庵的《水滸傳》中，就有這樣一個女子，叫作潘巧雲，與潘金蓮同姓，命運也差不多，先與他人私通，事發後又被丈夫的兄弟殺死，是一個悲劇的女性。

要說女子七夕出生就命不好，當然是古人的迷信；不過，古人不願意在七月初七這一天談婚論嫁，我倒覺得可以理解。你想，牛郎織女，夫妻長年兩地分居，一年只能相會一次，誰希望自己婚後的生活是這樣子的？

在古典文學作品中，七夕發生的愛情也通常以悲劇收場。比如白居易的〈長恨歌〉寫道：「七月七日長生殿，夜半無人私語時。在天願作比翼鳥，在地願為連理枝。天長地久有時盡，此恨綿綿無絕期。」說的是唐玄宗與楊貴妃在七夕之夜山盟海誓，結局卻是楊貴妃被賜死於馬嵬坡。

我們熟悉的另一個故事《白蛇傳》，故事背景正是宋朝，而許仙懷疑白娘子是蛇精的日子，也正是在七夕。那天許仙要去西湖金山寺燒香，白娘子再三勸他不要去，見他一定要去，只好吩咐他切不可與方丈說話。沒想到許仙去到金山寺，上完香，果然遇到了方丈法海禪師；法海說他「滿臉妖氣」，嚇得許仙急急回家，發現白娘子與小青都不見了，這才懷疑兩人是妖怪。

你看，七夕真是一個扼殺愛情的日子。所以，宋朝人是不會將七夕當成情人節的；宋朝的情人節如前面所說，是元宵節。

那麼，宋朝人是怎麼過七夕的呢？七夕在宋朝，已經是一個比較重要的節日，不過宋朝人過七夕，並不是想效仿牛郎織女鵲橋約會，而是為了向織女星「乞求巧智」。舊時的女兒家，都希望自己心靈手巧，而傳說中的織女星正是巧星；因此，少女們相信，七夕之夜向織女星祈願，願望就能成真。是以，七夕又叫作「乞巧節」；也因為乞巧的都是女子，所以還可以叫作「女兒節」。

所以，七夕該怎麼「乞巧」呢？富貴人家通常會在庭院裡搭建一座樓臺，叫作「乞巧樓」；若是搭不起樓臺的普通人家，也可以直接在院子或陽臺上進行。乞巧的時間是七夕當晚，先擺上花果、茶酒、筆硯、針線，以及精巧的玩具，然後焚香列拜織女星，乞求織女星賜予巧智。

那麼，少女們該如何驗證自己的乞巧已得到織女的回應呢？說來有趣，便是在乞巧時捉來一隻小蜘蛛，養在盒子裡，次日早上起床，打開盒子，看看蜘蛛結網的情況。如果發現蜘蛛所織的網圓圓正正，表示昨夜乞巧已獲織女星首肯，這叫作「得巧」；如果發現蜘蛛織的網破破爛爛、歪歪斜斜，則代表「未得巧」。得巧的女孩自然滿心歡喜，未得巧的則難免有些失落。

宋朝的七夕，不僅是少女們乞巧的節日，還是兒童最高興的日子，因為商家在此期間也會爭逞巧智，推出各種奇巧玩具。所以，七夕也可以說是宋朝的「玩具節」、「兒童節」。七夕時可以買到哪些玩具呢？有一種小玩具叫「水上浮」，就是用黃蠟製成大雁、鴛鴦、龜魚，塗以彩畫，飾以金縷，放在水上，能夠漂浮不沉。還有一種玩具叫作「穀板」，是鄉村景物的微縮模型：用小木板裝上泥土，種下植物種子，讓它發芽、生苗，在小苗旁邊放置茅屋模型，做成農家村落的樣子。

最特別也最受宋朝兒童歡迎的七夕玩具，叫作「摩睺羅」。這個名字來自佛經，原本是形象兇猛的印度神祇，但宋朝的「摩睺羅」卻是造型嬌憨可愛的泥娃娃。一隻做工考究的「摩睺羅」，手足、面目、毛髮全都栩栩如生，再配上漂亮的紅背心、青紗裙、小帽子，跟現在的「芭比娃娃」差不多。

每年七夕前夕，宋朝城市的大街上全是賣「摩睺羅」的店鋪、攤位，商販的吆喝聲此起彼落。

商販：「摩睺羅！摩睺羅！客官，買一對摩睺羅嗎？」

顧客：「這摩睺羅一對多少錢？」

商販：「客官，我跟你說個實價，一對三十貫。」

顧客：「這麼貴？」

商販：「這是吳中名匠袁遇昌做的，裡面有機械裝置，你往它的腦袋一按，手腳都會活動。要不要試試看？」

宋朝這種裝有機括、能活動的摩睺羅可不是我想像出來的，而是史有記載的：「磨喝樂，南人目為巧兒。今行在中瓦子後市街、眾安橋，賣磨喝樂最為旺盛，惟蘇州極巧，為天下第一。」（陳元靚《歲時廣記》）其中，尤以吳中名匠袁遇昌製造的最為神奇。據明代《姑蘇志》載，宋人「袁遇昌居吳縣木瀆，善塑『化生摩睺羅』，每摶埴一對，價三數十緡，其衣襞腦囟，按之蠕動」。

你看，宋朝的七夕很有趣吧？我想，今日的商人或許也可以學學宋朝人，把七夕打造成兒童玩具節。你覺得這個主意怎麼樣？

中秋：不吃月餅只喝酒

說起中秋節，相信有許多朋友會馬上聯想到月餅；而說到月餅，相信也有許多朋友會問：你喜歡甜的還是鹹的？但若是回到一千年前的宋朝，可不存在月餅的甜鹹之爭，因為北宋人過中秋節，其實是不吃月餅的。

那麼，宋朝人是怎麼過中秋節的呢？與平日相比，中秋節這一天有個顯著的特點：月亮特別圓、特別大、特別亮，也特別美。宋人如此形容：「此日，三秋恰半，故謂之『中秋』；此夜，月色倍明於常時，又謂之『月夕』；此際，金風薦爽，玉露生涼，丹桂香飄，銀蟾光滿。」（《夢粱錄》）所以，宋朝人過中秋，賞月是必不可少的活動，家家戶戶都會在樓臺上、庭院裡，擺上一些瓜果食品，一家人一邊吃，一邊賞月。宋朝人是這麼描述的：「王孫公子，富家巨室，莫不登危樓，臨軒玩月，或開廣榭，玳筵羅列，琴瑟鏗鏘，酌酒高歌，以卜竟夕之歡；至如鋪席之家，亦登小小月臺，安排家宴，團圞子女，以酬佳節；雖陋巷貧窶之人，解衣市酒，勉強迎歡，不肯虛度。」（《夢粱錄》）

賞月之時，宋朝人家也會拜月祈願。宋朝人說：「中秋，京師賞月之會，異於他郡。傾城人家子女，不以貧富，……登樓或於中庭焚香拜月，各有所期。」（《醉翁談錄》）

少年默默祈祝：「嫦娥嫦娥，請保佑我早步蟾宮，高攀仙桂。」
未婚少女默默祈祝：「嫦娥嫦娥，請賜我美貌與美滿姻緣。」
已婚婦女默默祈祝：「玉兔玉兔，請保佑我早日懷上寶寶。」

少年郎拜月，乃因在中國傳說中，月亮上有一座蟾宮，宮外有一棵桂花樹，宮裡住著一位美麗的仙子嫦娥，而嫦娥喜歡美少年。因此，少年人在中秋之夜向嫦娥祈禱，便能早日「步蟾宮，折仙桂」，意思是科舉高中。所以，宋人有一句話是這麼說的：「時人莫訝登科早，只為嫦娥愛少年。」（《宜齋野乘》）

未婚少女拜月，祈求「貌似嫦娥，圓如皓月」，希望自己跟嫦娥一樣美貌，以後的婚姻如同中秋月一樣圓滿。

已婚娘子拜月，心中祈願則是「多生貴子」，因為中秋之夜，月色明朗，可以望見月宮玉兔弄影，而古人傳說，人間的兔子望月而懷孕，南海的老蚌吐納月影，能多產明珠。所以，在中秋之夜拜月，容易懷上寶寶。

中國的每一個傳統佳節，都有一種代表性的應景食物，比如春節吃年糕、元宵吃湯圓、清明吃草仔粿、端午吃粽子等。那中秋節呢？可不是月餅，因為中秋吃月餅的習俗，是從明朝才開始形成的；宋朝中秋的代表食物，是各種瓜果與螃蟹，因為秋天到了，水果成熟、螃蟹肥美，正是嘗鮮的時節。

除了瓜果與螃蟹，宋朝中秋節必不可少的還有「新酒」：按照宋朝的釀酒習慣，人們在冬至開始釀酒，而在翌年中秋節前開壇上市。所以在宋朝，每年中秋節前，各個酒家皆賣新酒，門面裝飾一新，大做廣告，甚至邀請女藝人來代言，吸引市民爭飲。到了中秋節中午，酒家就放下酒簾，收攤回家，歡度佳節。買到新酒的宋朝人家，到了晚上，不管男女老少，都會在花前月下，喝點小酒，慶祝中秋。

前面介紹過，宋朝大詩人蘇軾，就是一個好酒之人，每年過中秋，當然也少不了要喝酒。那闋著名的中秋詞〈水調歌頭〉，第一句就是「明月幾時有？把酒問青天。」這闋詞寫於西元一〇七六年的中秋節，當時蘇軾「歡飲達旦」，喝了一整晚後，開始思念他的弟弟蘇轍，便乘著醉意，寫下這闋〈水調歌頭〉，表達了「但願人長久，千里共嬋娟」的美好願望。

蘇軾晚年時，在廣西的合浦度過一次中秋節，與廉州太守喝酒盡歡，據說在酒後又寫了一首中秋詩〈留別廉守〉：「小餅如嚼月，中有酥與飴。」有一些研究者認為，詩中的「小餅」就是中秋月餅，說明宋朝是有中秋月餅的；但是也有研究者指出，這首詩乃是後人偽作，並不是蘇軾寫的。南宋時，臨安的市場中倒真的出現了一種叫「月餅」的食物，但跟中秋節沒有關係，是平日就可以買到的餅類，大概因為形狀如同月亮，所以才叫「月餅」。

雖然宋朝人喝的通常是低濃度的酒，但喝多了也會醉，醉了就容易出事，施耐庵的《水滸傳》中，便有幾件事發生在中秋夜的酒席上。比如有一年中秋，張都監在鴛鴦樓安排筵席，慶賞中秋，請武松來飲酒。席間，張都監又請出一個叫作玉蘭的女藝人，讓她唱曲陪酒。玉蘭手執牙板，道個萬福，唱了一支蘇軾的〈水調歌頭〉。唱罷，張都監讓玉蘭向武松勸酒。

張都監：「玉蘭，你可把一巡酒。」
玉蘭：「武都頭，玉蘭敬你一杯。」
武松：「不敢不敢。我就喝這一杯。」
張都監：「大丈夫飲酒，何用小杯？來，給武都頭換大杯。」
玉蘭：「武都頭，玉蘭再敬你一杯。」

很快，武松就喝醉了。他想不到，張都監請他喝酒，目的就是要將他灌醉，然後誣陷他為盜賊。武松這次中秋醉酒，代價就是被抓了起來，屈打成招，承認自己「一時見本官衙內許多銀酒器皿，因而起意，至夜乘勢竊取入己」。想當年，武松在景陽岡喝酒，結果打死了老虎；如今在鴛鴦樓喝酒，卻中了張都監的奸計。人心哪，有時候比老虎還要可怕。

中秋本來是一個闔家團圓、飲酒作樂的美好日子，如果因酒誤事，那就太對不起這個節日了。所以，這裡我想順便提醒一下好酒的朋友，不管是過什麼節，高興歸高興，還是要理性飲酒。

冬至：宣德門前看演象

假設一個宋朝人與一個現代人在談論一年中哪個節日最熱鬧，我想他們的對話大概是這樣的——

現代人：「小姐，聽說你是從宋朝穿越來的，那你們最熱鬧的節日是什麼？」

宋朝人：「當然是元宵節了。我們過元宵，大鬧花燈五天，天天徹夜不眠。」

現代人：「那元宵節是不是你們那時候最重大的節日？」

宋朝人：「要說重大，元宵節也談不上重大；熱鬧歸熱鬧，卻算不上隆重。」

現代人：「那你們最隆重的節日是什麼？」

宋朝人：「是冬至。」

現代人：「冬至？我們現代人不太過冬至，春節才是我們最隆重的節日。」

宋朝人：「我們過年也很隆重，但是，『冬至大過年』。」

這位宋朝小姐沒有騙你。在宋朝，最隆重的節日，不是春節，也不是元宵，而是冬至。就讓我來說說宋朝人是怎麼過冬至的。

中國的傳統節日，通常都按農曆計算，只有少數如冬至與清明，是按陽曆計算；清明一般是在四月五日左右，冬至是在十二月二十二日左右。對於生活在北半球的中國人來說，冬至是一年當中白晝最短、黑夜最長的一天，過了冬至，白天就開始漸漸變長，黑夜開始慢慢縮短，春天也逐漸近了。所以古人說冬至「一陽初動」、「一陽來複」，杜甫也有詩寫道：「天時人事日相催，冬至陽生春又來。」（〈小至〉）正是因為古人發現冬至日處大自然新舊交替的轉捩點，才賦予它不同於尋常節日的重要意義。

宋朝冬至的隆重性，首先體現在國家禮儀上。冬至這一天，朝廷會舉行大朝會，文武百官與外國使者向皇帝朝賀，並大擺宴席，一切禮儀如同春節。如果輪到祭天的年份，還要在這天舉行盛大的祭天典禮，地點在城外南郊，由天子親自主持，儀式非常隆重，參加的文武百官與儀仗隊伍多達兩萬零六十一人。當然，這麼隆重的祭天大典並不需要年年舉行，而是三年一次，稱為「大禮年」。

由於南郊祭天儀仗會用到大象，所以每遇「大禮年」，冬至前兩個月，朝廷會在京城的宣德門廣場先演練大象儀仗。參與演習的大象一共有七頭，每一頭的頸部都騎著一名身穿紫衫的馴象人。他們用擊鼓、敲鑼的方式來指揮大象，如果大象不聽從，則用鞭子抽打。而這些經過訓練的大象，能夠根據馴象人的指令，排成整齊的隊伍行走、轉圈，然後面向北方，屈前膝行禮，還能發出叫聲與人打招呼。

每到演練大象儀仗的日子，宣德門廣場總是圍滿觀眾；住在廣場附近的人家，更是會提前招呼親朋好友來家裡做客，順便觀看大象表演；連接廣場的御街，也是「遊人嬉集，觀者如織」（《東京夢華錄》）。聰明的商家會用麵粉、泥土捏成小象，賣給平日少有機會看到大象的遊客，他們往往會買上幾隻，贈送親友。

有一年，正是「大禮年」，朝廷又在宣德門廣場舉行大象儀仗的演習，有幾名從鄉下進城的女子，也跑到廣場看大象。因為她們從未見過大象，不知道世間竟然有這麼龐大的動物，大吃一驚。

鄉下女子甲：「怎麼會有這麼大的長鼻子毛驢？」

鄉下女子乙：「那不是毛驢，聽說是從海外進貢的大豬。」
鄉下女子甲：「怎麼可能是豬？豬有那麼長的鼻子嗎？」
鄉下女子乙：「難道毛驢就有那麼長的鼻子？」
鄉下女子甲：「這是長鼻子毛驢。」
鄉下女子乙：「這是長鼻子豬。」

旁人聽了兩個鄉下女子的爭執，都取笑她們沒見過世面。這個小故事雖是我編出來的，卻並非完全虛構，北宋時確實發生過誤將大象當成長鼻子豬的笑話：官員薛昂與夫人有一日經過宣德門廣場，「時郊禋祀（郊祭大禮）近，有司日按象，自外旗鼓迎至闕下而馴習之。夫人偶過焉，適見而大駭，歸告其夫曰：『異哉左丞，我駭今日過大內前，安得有此大鼻驢耶！』人傳以為笑。」（《鐵圍山叢談》）

取笑他人是不對的，不過對於生活在京城的市民來說，他們平時的確有更多機會看到稀奇的動物，因為這些大象平日養在東京的皇家林苑玉津園裡，園中還有獅子、老虎、麂鹿、犀牛、犎牛、單峰駱駝、白駝、孔雀、白鵬等動物，可以說是一座皇家動物園。最重要的是，玉津園是定期開放的，普通百姓也可以進去觀賞。

每年四月份，玉津園裡的大象還會被送至應天府寧陵縣（今河南商丘寧陵）的養象所放牧，九月再送回。應天府養象所也是一座對外開放的動物園，只要付錢買票，就可入內觀看大象表演。因此，可不是今天才有動物園，其實宋朝就有了。

到了冬至之日，祭天的儀仗隊浩浩蕩蕩啟程，皇家樂團一路吹打，鼓樂聲震天地。天子祭天的儀式自然是萬分隆重，不過這並不妨礙平民看熱鬧，從京城南薰門至祭天地點，數十里之間，搭滿了看棚、帳篷，全是要來看儀仗隊的富貴人家。

祭天大典之後，按照慣例，皇帝還要賞賜大臣。這是一筆巨大的開銷，宋神宗時，司馬光與王安石曾經為此爭論，司馬光認為應該取消，而王安石反對。

當然，普通老百姓過冬至可不會管這麼多，就是圖個熱鬧喜慶。一大早，城市的大街上就擠滿了行人，人們「服飾華炫，往來如雲」（《武林舊事》），逛街、遊樂、購物、訪親問友，恰如王安石的一首〈冬至〉詩：「都城開博路，佳節一陽生。喜見兒童色，歡傳市井聲。幽閒亦聚集，珍麗各攜擎。卻憶他年事，關商閉不行。」

皇帝過冬至要祭天，尋常百姓過冬至則要祭祀先祖、參拜神廟。宋朝人冬至祭祖一般用餛飩，有錢人家一碗餛飩就有幾十種樣式，叫作「百味餛飩」。

親朋好友間也要往來慶賀、互贈禮物。即便是窮人家，過冬至也要購置新衣、酒食，招待客人。由於宋朝人習慣在冬至饋贈禮品財物，過春節時反倒可以不送禮，所以民諺又有「肥冬瘦年」之說。

冬至因為是國定假日，宋朝官府會讓公務員放假七天，並開放賭禁三天，方便民眾狂歡。市井中，有的商家也自行放假三天，整天飲酒博彩，尋歡作樂。

冬至時值冬天，往往會下雪。如果遇上大雪天，或者天氣太寒冷，宋朝官府還會撥出數百萬的公款，用於犒勞駐守都城的士兵和接濟貧民。京城的貴家富室也會捐出錢米，送給街坊裡的貧困鄰居。

這正是宋朝人富有人情味的體現，讓窮人在寒冷的冬天，能感受到人間溫暖，也讓今天的我們，在說起宋朝的冬至時，生出一些敬意。

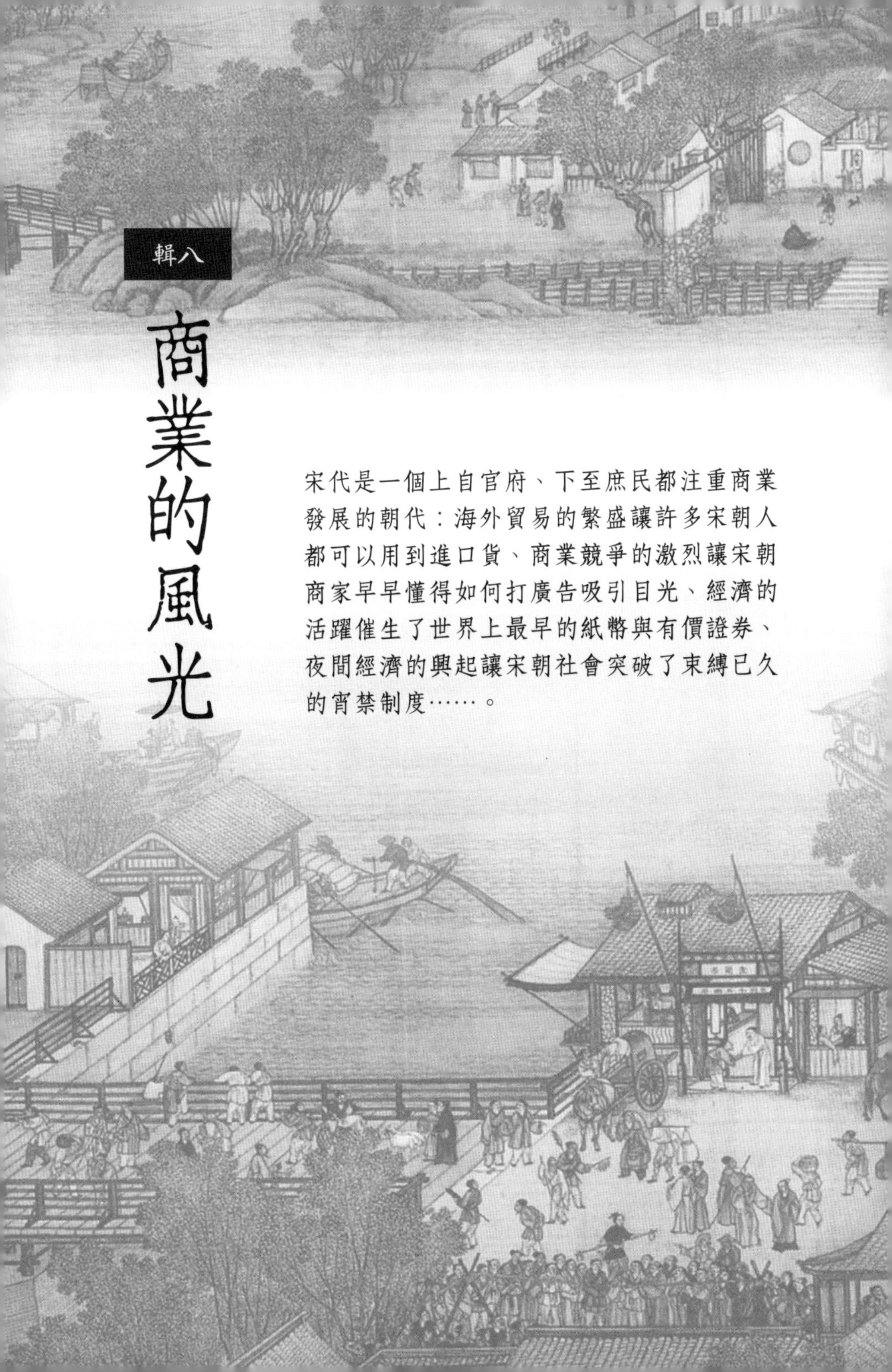

輯八

商業的風光

宋代是一個上自官府、下至庶民都注重商業發展的朝代：海外貿易的繁盛讓許多宋朝人都可以用到進口貨、商業競爭的激烈讓宋朝商家早早懂得如何打廣告吸引目光、經濟的活躍催生了世界上最早的紙幣與有價證券、夜間經濟的興起讓宋朝社會突破了束縛已久的宵禁制度……。

宋人也用進口貨

今天，使用進口商品已成為我們的日常；而在宋朝的口岸城市，進口貨也是市場上常見的商品。

讓我們先來看幾首詩。王安石〈予求守江陰未得酬昌叔憶江陰見及之作〉：「黃田港北水如天，萬裡風濤看賈船。海外珠犀常入市，人間魚蟹不論錢。」詩中的黃田港就是江蘇的江陰港。還有一首〈三山即事〉：「百貨隨潮船入市，萬家沽酒戶垂簾。」詩名中的三山即福建的福州。元朝有個僧人也寫過一首詩，描繪的是福建另一座城市泉州：「厘頭赤腳半蕃商，大舶高檣多海寶。」這幾首詩提到的「海外珠犀」、「百貨」、「海寶」，都是海外進口的商品。

為什麼詩人要將進口商品稱為「海寶」？因為那時候，從海外進入宋朝的蕃貨，除胡椒等日用品外，主要都是珍珠、玳瑁、象牙、犀角、香藥等奢侈品，價格昂貴，確實是寶貝。張擇端〈清明上河圖〉中就可以找到一家專營香藥的豪華商店，打出的廣告招牌是「劉家上色沉檀揀香」，這些上等的沉香、檀香、揀香（即上品乳香），通常就是進口貨。

由於當時的進口貨多為奢侈品，是財富的象徵，宋朝的有錢人便往往以此來炫富、鬥富。南宋時，臨安有一群貴婦，個個有錢有閒，又信奉佛教，所以經常聚在一起誦讀佛經；而她們參加聚會時，人人都穿戴名貴的進口珍寶首飾，誦經前，往往先比誰身上的首飾更漂亮，所以人們稱她們的聚會為「鬥寶會」。我們來想像一下貴婦們「鬥寶」的場面——

貴婦甲：「劉娘子，這枚珠簪第一次看見你戴，你家大郎剛給你買的？只是，這工藝看起來有點簡單，不像是名匠的手藝。」

貴婦乙：「我家大郎聽說南海之南的珍珠最好，非要託人從廣州買回這枚珠簪，討厭死了，這麼浪費。你看珠子，是大食商人帶進來的，有鴿子蛋這麼大；簪子則是廣州城的名匠打出來的，他這手藝不叫簡單，叫極簡。極簡主義，有聽過嗎？」

貴婦丙：「這麼大的珍珠確實難得，上月我家二郎也從大食商人那裡買了六顆，我都不知道六顆大珍珠可以做什麼，做成鏈子又不夠，做成髮簪又多了。」

貴婦丁：「聽說珍珠的美白效果很好，可以磨成粉敷臉。」

宋朝的民間富豪能用上昂貴的進口貨，應該歸功於宋代繁榮的海外貿易。要知道，在宋朝之前，進口奢侈品一般只有皇家貴族才有機會享用。

宋朝是一個重商的王朝，朝廷鼓勵海外貿易，當時的海岸線上，便布滿了大大小小的港口。每年春夏時節，風從南方來，一艘艘滿載香料、象牙、犀角、珍珠、皮貨、胡椒、蘇木、硫黃等蕃貨的帆船，陸續來到宋朝港口住舶交易。冬季，北風南吹，則有數以萬計的宋朝海商，駕著滿載瓷器、陶器、絲綢、布帛、漆器、工藝品、茶葉、果脯等商貨的海船，掛起風帆，從各個港口出發，駛往海外蕃國做生意。

宋朝不像後來的明清兩朝實行「海禁」，禁止商民出海貿易；只要向官府申請一張「公憑」，也就是出海貿易許可證，海商便可以揚帆出海，將他們的商貨運到東南亞、印度半島、波斯灣甚至非洲東海岸進行貿易。宋朝也非常歡迎海外蕃商來中國做生意，所以才有前文所引詩中的貿易盛況。

南宋紹興年間，有一個叫蒲亞里的阿拉伯富商，娶了一名宋朝官員的妹妹為妻，在廣州定居下來。宋高宗得悉這一情況後，指示廣州官員勸誘他歸國。是宋朝不歡迎阿拉伯商人嗎？當然不是，而是因為蒲亞里在中國定居後，便不再從事外貿了，朝廷希望他回國招攬蕃商，多販運點蕃貨來中國。宋高宗又對大臣說，海舶之利，對國家很有幫助，你們要好好經營，多多鼓勵蕃商來我們大宋做生意。

宋朝對海外貿易的鼓勵不是口頭說說而已，而是拿出實際行動的。比如，每一年，在蕃商回國之前，宋朝通商口岸城市的長官照例要大擺宴席，為蕃商、船長、水手等人餞行。

宋朝長官：「各位，你們馬上就要回國了，感謝你們給大宋帶來了寶貨，請喝了這杯酒，祝你們一帆風順。」

蕃商：「多謝長官盛情款待。我們敬長官一杯。」

宋朝長官：「還請各位明年繼續來大宋做生意。」

蕃商：「一定一定。」

曾有宋朝官員向朝廷提出，各個口岸每年宴請蕃商，支出「不下三千餘貫」，這筆錢「委是枉費」（《宋會要輯稿》），不如節省下來。但廣州的地方官堅決反對，因為廣州每年犒勞蕃商，不過二百餘貫錢，費用不多，而所悅者甚眾，從而帶動更多的蕃商來華貿易。與政府從海外貿易中抽到的稅收相比，這點犒勞之費算什麼？朝廷最後還是聽從了廣州官府的意見。

蕃商在華的財產權也受到宋朝法律的保護。南宋時，有一個南洋商人不幸在寧波病逝，留下一大筆遺產。有人建議當時的寧波地方長官：不如將這些錢沒收了。但寧波長官不同意，派人將南洋商人的遺產送回他的國家，該國國王聞訊，還給宋朝送來一封感謝信。

也有很多蕃商選擇在宋朝長期生活。他們自稱是「住唐」，其實是「住宋」。宋朝政府對蕃商在華居留也是歡迎的，在泉州、廣州等蕃商聚居的港口城市，地方官府劃出一塊居住區，供外國商人居住，對外國商人的生活習慣、風俗、宗教信仰乃至輕微罪行的司法裁判，也給予尊重。泉州和廣州還修建了學校，供蕃商的子弟入學讀書，叫作「蕃學」。

宋朝這種開放、大度的胸襟，真讓人佩服。

宋朝商家如何打廣告？

「錢塘妓女顏如玉，一一紅妝新結束。問渠結束何所為，八月皇都酒新熟。」這是南宋詩人楊炎正的〈錢塘迎酒歌〉，講述農曆八月，臨安的漂亮歌伎妝飾一新，因為新酒上市了，各個酒庫請她們去為美酒宣傳，好比今日的產品代言人。

請錢塘歌伎代言美酒的酒庫，主要是官營的釀酒廠。南宋時，官府在臨安設了不少酒庫，各個酒庫都有自己的品牌，比如有美堂、中和堂、雪醅、真珠泉、皇都春，都是南宋臨安酒庫出品的名酒。

有些酒庫還有自己的附屬酒樓，如臨安東庫設有太和樓，西庫設有西樓，南庫設有和樂樓，中庫設有春風樓，南上庫設有和豐樓，北外庫設有春融樓，錢塘正庫設有先得樓。其他沒有獲得釀酒權的酒家，都要從酒庫批發。

酒家夥計：「掌櫃的，新酒快要上市了，今年咱從哪家酒庫進酒？」
酒家掌櫃：「莫急。先看看今年的評酒大會，誰家美酒能奪第一。」

這位掌櫃說的「評酒大會」，是臨安城內外諸酒庫主管機關每年都會舉辦的活動，時間一般是在新酒開沽的八月份。評酒大會的日期定下後，各個酒庫便到處張貼告示，寫明某月某日，酒庫「開沽呈樣」，歡迎各路親友前來品評美酒。屆時，臨安城內外的各個酒庫都會參加，如果能在評酒大會上獲得名次，自然是好事；即便評不上，也是一次打廣告的大好機會。

南宋的酒庫是很重視打廣告的，因為酒庫多，競爭激烈，釀出來的酒味道再好，消費者不知道也是枉然。所以，每年的品酒大會，各酒庫都會踴躍參加，一到開沽之日，一大早，酒庫就會派人帶上精心挑選出來的樣酒，送往臨安校場，進呈專家評鑑。

送呈樣酒的過程，也是打廣告的時機，因此，臨安各個酒庫都會派出盛大的隊伍前往校場送酒。除了帶上新釀的樣酒，還僱了「社隊鼓樂」（《夢粱錄》）、「雜劇百戲諸藝」（《武林舊事》），一路吹吹打打，表演節目，巡遊各處熱鬧的街市。總而言之，就是為了吸引更多人注意酒庫的品牌與出品的美酒。

送酒隊伍為首的是三、五個人，用大長竹挑起一面三丈餘高的白布，上寫一句廣告詞：「某庫選到有名高手酒匠，釀造一色上等醲辣無比高酒，呈中第一。」他們後面是「所呈樣酒數擔」（《夢粱錄》），以及邀請來的各色藝人，其中最引人注目的，便是為酒庫美酒代言的歌伎。這些歌伎都是「秀麗有名」的明星，各自身著盛裝，化上美妝，「帶珠翠朵玉冠兒，銷金衫兒、裙兒」（《夢粱錄》），騎著銀鞍寶馬，手裡拿著各式樂器，一邊彈奏，一邊向圍觀的市民微笑致意。

一群漂亮女子如此招搖過街，自然少不了有「浮浪閒客，隨逐於後」（《武林舊事》），或一些「風流少年，沿途勸酒，或送點心」（《夢粱錄》）。隊伍「所經之地，高樓邃閣，繡幕如雲，累足駢肩」（《武林舊事》）。顯然，廣告的效果達到了。

趁著「評酒大會」的熱鬧，臨安各個酒肆也在門口搭起彩棚，現場賣酒，「遊人隨處品嘗，追歡買笑，倍於常時」（《夢粱錄》），生意特別好。

宋朝各行各業的商家，都有打廣告的意識，繁華城市中，廣告隨處可見。展開〈清明上河圖〉，畫中的廣告就有幾十個，比如酒店、酒肆必打出酒旗；豪華的「孫羊正店」不但掛出酒旗，大門前還放了三塊立體招牌，分別寫著「孫羊」、「正店」、「香醪」字樣，這三塊立體招牌內置蠟燭，夜間明亮照人，無疑是燈箱廣告。

在京城販賣熟食的小攤販，也會用聳動的語言作廣告詞，標新立異，以求關注。《雞肋編》中有個故事：宋哲宗時，東京有個小販，專賣「饊子」，就是一種環餅，但他從不叫喊所賣何物，每日只是挑擔上街，一臉惆悵，長長嘆息，然後喊道：「虧便虧我也！」類似今天的「破盤價」、「跳樓大拍賣」。不只如此，他還跑到皇城下叫賣。官府見這小販每到宮門口，就長嘆說「虧便虧我也」，以為有什麼陰謀，便將他抓起來審問。沒有問出什麼來，打了他一頓板子，放了。小販從此將廣告詞改成「待我放下歇則個」，意思是，讓我歇息一下吧。儘管聽到的人「莫不笑之」，不過「買者增多」，看來廣告效果還是很不錯的。

更有廣告頭腦的，是儋州一家饊子店的老闆娘，她有一個名滿天下的鄰居，正是當時貶謫海南的蘇軾。蘇軾愛好美食，久了，便跟老闆娘混熟了。老闆娘曉得蘇大學士是大文豪，於是一再請求蘇軾替她的饊子店題首詩。

老闆娘：「蘇先生，您幫小店題一首詩，我請你吃一輩子的環餅。」

蘇軾：「毫無疑問，你做的環餅，是全天下最好吃的。」

老闆娘：「這是什麼詩？大學士您就認真作一首吧。」

蘇軾只好提筆寫下：「纖手搓來玉色勻，碧油煎出嫩黃深。夜來春睡知輕重，壓扁佳人纏臂金。」（〈寒具詩〉）有人認為，這首詩是中國古代第一首真正意義上的「廣告詩」。

蘇大學士雖然挺認真寫廣告詩，創意卻似乎不怎麼好，總是將他喜愛的事物比擬成美人：寫饊子店，就說「壓扁佳人纏臂金」；寫壑源茶葉，就說「從來佳茗似佳人」（〈次韻曹輔寄壑源試焙新芽〉）；甚至早年寫西湖，也有「欲把西湖比西子，淡妝濃抹總相宜」（〈飲湖上初晴後雨詩〉二首其二）的句子。不過蘇軾終究是名氣大，有了他的墨寶鎮店之後，那家饊子店果然是顧客盈門。

要說最好的廣告，我覺得還不是蘇軾的廣告詩，而是消費者的口碑。南宋時，臨安清湖八字橋有一家賣雨傘的店鋪，叫作「老實舒家」，他家出品的雨傘，美觀耐用，口碑很好。

在宋話本《白娘子永鎮雷峰塔》的故事裡，許宣（即許仙）清明節出門，偶遇白娘子。由於天下大雨，告別白娘子後，恰好路過親戚李將仕開的生藥鋪，便進店借傘。李將仕吩咐藥鋪的老陳幫許宣找一把傘。

李將仕：「老陳找把傘來，給許小官人用去。」

老陳：「好的。許小官人，這把傘你且拿去用。」

許宣：「多謝陳丈人。」

老陳：「小官人，這傘是清湖八字橋老實舒家做的，八十四骨，紫竹柄的好傘，不曾有一些破，小官人拿去用，休要壞了！仔細！仔細！」

許宣：「曉得曉得，不必吩咐。」

許宣借了傘，出了生藥鋪，走到後市街巷口，又遇見白娘子，便以這把雨傘相借，由此結下一段姻緣。不過這裡的重點，並不是許宣與白娘子的愛情，而是老陳借給許宣的那把傘，正是「老實舒家」出品的名牌雨傘，深受消費者歡迎。

宋話本的情節雖屬虛構，卻是宋代社會生活的反映，因為當時的市民確實有追求品牌的消費心理。宋人說：「大抵都下買物，趨有名之家。」（《都城紀勝》）所謂「有名之家」，不就是「名牌」嗎？也難怪宋朝的商家要大打廣告了。

為什麼宋朝會有假幣？

我看過一部周潤發與郭富城主演的電影《無雙》，講的是一個製造偽鈔的故事。其實，做假鈔是一門古老的勾當，並不是現代社會才出現的；早在宋朝，偽鈔的問題就相當嚴重。讓我來說一起發生在南宋的假鈔案。

故事的主角叫作蔣輝，浙江寧波人，是一個技術高超的雕版師傅，也是製造偽鈔印版的高手，曾多次參與製造假鈔。在事發被抓後，判刑刺配臺州，在臺州的酒務服役。雖然是服役，卻有工錢領，蔣輝便用工錢僱了一個名叫周立的當地人代他服役，自己則雕印一些書籍糊口。

南宋淳熙七年（一一八〇）年底，蔣輝又跑到婺州，重操舊業，與同夥黃念五等人偽造了一批假鈔，然後若無其事地回到臺州。臺州太守唐仲友知道蔣輝是刻製雕版的高手，便將他招到自己私開的印書局中，讓他與其他工匠一起開雕《荀子》等書籍的印版。到了八月，蔣輝與黃念五偷印偽鈔一事暴露，婺州官府派了弓手前來臺州捉拿蔣輝，唐仲友遂偷偷將蔣輝藏在州衙的後宅。之後，蔣輝食宿均在後宅，與外界斷了聯繫。幫他送飯的人是一個老媽子，叫金婆婆。

躲了三天，唐仲友來見蔣輝。

唐仲友：「蔣輝，我救得你在此，我有些事問你，肯依我不？」

蔣輝：「不知什麼事？」

唐仲友：「我要做一些鈔票。」

蔣輝：「只恐事後敗露，被官府抓獲，不好看。」

唐仲友：「你莫管我。你若不依，便送你入獄，你反正原本是犯人。」

蔣輝只好答應下來。在宋朝，蔣輝不是第一個製作假鈔的人，也不是最後一個，不過堂堂臺州太守唐仲友居然是這起假鈔案的幕後主使，有點駭人聽聞。

唐仲友離開後，金婆婆送飯進來。蔣輝問金婆婆：「雕刻鈔版容易，但印鈔票的紙如何得來？」宋朝印製紙鈔的用紙，是特製的，有暗紋，有點像現在的浮水印，很難仿造，市面上也不易買到，所以蔣輝有此一問。但金婆婆不肯跟他說太多：「你莫管。仲友自有辦法。」

第二天，金婆婆帶了一張「一貫文」的鈔票畫版進來，交給蔣輝，讓他照著畫版刻成雕版。蔣輝又問金婆婆：「這畫版是誰畫的？」

金婆婆說：「是賀選描摹的。賀選這個人能傳神寫字，是仲友的親信。」

金婆婆又將一片梨木板交給蔣輝，讓他刻製鈔版。蔣輝用了十日時間，將「一貫文」的鈔版雕刻出來，交給金婆婆。金婆婆將鈔版裝入藤箱，帶出去藏起來。

過了一個月，金婆婆又來了，從藤箱裡取出印鈔的專用紙兩百張，還有之前蔣輝雕好的鈔版，以及土朱、靛青、棕墨等顏料，一併交給蔣輝，讓他先印出兩百道假鈔。這印出來的假鈔，只是半成品，因為宋朝的紙幣是套印的，一張鈔票印出來後，還要蓋上三個官印、「一貫文」面額印、專典官的簽名印，並填上系列字型大小。蔣輝將兩百道偽鈔印好，裝入箱子內，交給金婆婆。

第二天，金婆婆又帶來「一貫文」面額的印樣、專典官簽名的印樣、官印的印文，讓蔣輝照樣雕刻。蔣輝又問金婆婆：「這個『一貫文』的篆文、專典官的簽名，都是誰寫的？」金婆婆說：「也是賀選寫的。」

印製假鈔需要的所有鈔版、面額印、官印、專典官簽名印等都雕刻好之後，蔣輝又奉命印了一百五十道偽鈔。之後，金婆婆又陸續讓他開印二十餘次，一共印製「一貫文」面額的偽鈔兩千六百餘道。

這一日，金婆婆急急前來通知蔣輝：「出事了，你趕快出去躲躲。」蔣輝連忙用梯子搭上後牆，爬牆逃走，誰知跑沒多遠，便被官兵捉住，押赴紹興府訊問。

為什麼會案發？原來，當時浙東提舉官朱熹巡視臺州，接到很多揭發唐仲友不法情事的檢舉信，其中有一份說：唐仲友包藏逃犯蔣輝，盜用公款私刻書籍。結果抓來蔣輝一審問，竟然審出了一宗偽鈔製造大案。

講完這個故事，你心裡想必有這樣的疑問：為什麼宋朝會發生假鈔案？

原因很簡單，因為宋朝人使用的主要貨幣，除了銅錢，就是紙幣。世界最早的紙幣——官交子（後又改稱「錢引」），就誕生在北宋時的四川成都；南宋時，又出現了流通範圍更廣的「東南會子」。紙幣與銅錢、金銀是完全不同的貨幣，銅錢雖然也會有私鑄的問題，但由於銅錢的製造原料本身就有價值，只要政府發行的銅錢保持「大體足值」，即銅錢面值與銅材價值大致相當，私鑄便無利可圖，也就沒有人會干預。但紙幣就不一樣了，只要偽造的技術高，便可以將一張張廢紙變成鈔票，一本萬利。所以，紙幣問世之後，偽鈔也開始如影隨形。

儘管如此，紙幣仍然是一項非常了不起的發明。在紙幣獲得廣泛使用之前，宋朝人的日常買賣，主要用銅錢。銅錢有個問題，就是笨重，一貫銅錢有兩、三公斤重，如果你想到商鋪買一件貴一點的衣服，恐怕就得背上十幾公斤的銅錢出門。

古代的窮文人能想像到的美好生活，就是「腰纏十萬貫，騎鶴上揚州」（《殷芸小說》），但要是真的腰纏十萬貫，不只鶴會被壓死，自己也會被錢壓扁，因為十萬貫錢足足有兩、三百公噸。

可能有些朋友會說，可以用銀子啊。你看電影、電視劇中，行走江湖的大俠在酒樓裡大碗喝酒、大塊吃肉，酒足飯飽後，摸出一錠白銀，往桌上一放，拍拍袖子走人，十分瀟灑。可惜這只是今人的浪漫虛構，事實上，用白銀作為日常交易的貨幣，麻煩程度超乎你的想像。

首先，每次使用的時候，都要秤一下銀子的重量；其次，還要驗看銀子的成色，看是不是十足銀；有時候，還要換算度量衡，因為各地的秤量標準並不一致。讓我將這個付錢的過程演繹出來——

大俠：「夥計，結帳。」
店小二：「客官，一共是二兩九錢。」
大俠：「好。這把碎銀有三兩，零頭不用找了。」
店小二：「客官稍等，這銀子我們要先驗一下。」
大俠：「驗？你懷疑這銀子是假的？」
店小二：「客官您誤會了。我們只是驗驗銀子的成色，是不是十足銀。」
大俠：「驗吧驗吧。」
店小二：「客官，銀子我們驗過了，是十足銀。我們再秤一下，看看是幾兩。」
大俠：「我上次秤過了，足足三兩。」
店小二：「還是當場秤一下好。」

這個結帳的時間，可能比你吃飯的時間還長。

一個明清時來到中國的歐洲人非常驚訝地發現：百姓平時出門買東西，都要隨身攜帶鋼剪，因為他們付帳時，要根據消費金額，把銀錠剪成大小不等的碎塊，還要將每個碎塊秤出重量。因此，許多人身上往往還帶著一個秤銀子的小秤。

如果在交易時使用紙幣，上面提到的種種問題都將迎刃而解。所以，才說紙幣是一項非常了不起的發明。

那麼宋朝的紙幣長什麼樣子呢？迄今為止，已有數以噸計的宋朝銅錢出土，但就是找不到一張宋朝紙幣的實物，所以這個問題的答案還真說不清楚。今人只能根據零散的文字記載，來拼湊交子或會子的大致形態。經濟史學家彭信威先生所著的《中國貨幣史》中，有對四川「錢引」印刷樣式的介紹，容我引用如下：

> 每張錢引用六顆印來印製，分三種顏色，這是多色印刷術的開始。第一顆印是敕字，第二是大料例，第三是年限，第四是背印，這四種印都是用黑色。第五是青面，用藍色。第六是紅團，用紅色。六顆印都飾以花紋，例如敕字印上或飾以金雞，或飾以金花，或飾以雙龍，或飾以龍鳳。每界不同。……拿整張錢引來說，最上面是寫明界分，接著是年號（如辛巳紹興三十一年），其次是貼頭五行料例（如至富國財並等，多是些格言），其次是敕字花紋印，其次是青面花紋印，其次是紅團故事印，其次是年限花紋印（如三耳卣龍文等，多為花草），再其次是背印，分一貫和五百文兩種，最後是書放額數。

說到這裡，不能不提一塊被許多人傳為「交子」印版的鈔版。這塊鈔版發現於二十世紀初，現已下落不明，但有拓片傳世，一直被拿來當成北宋交子的插圖。從拓片看，鈔版的上方為十枚銅錢圖案；中間是一行文字：「除四川外，許於諸路州縣公私從便主管，並同見錢，七百七十陌流轉行使」；下方是糧食倉庫與搬運工圖案，右上角有「千斯倉」三字，所以研究者也將這一鈔版稱為「千斯倉鈔版」。

但「千斯倉鈔版」絕不可能是宋代的四川交子（或錢引）。理由有三：一、此版字體醜陋，不合宋代的雕版水準；二、此版樣式不合文獻記述的川交（川引）形制；三、此版上有「除四川外」字樣，更加表明它不是四川交子（或錢引）。因此，我傾向認為這是一塊偽造的鈔版。也許，只有等到交子或會子的實物出土，我們才能見到宋朝紙幣的廬山真面目。

宋人理財，也會買「證券」

今天，如果我們身上有一些閒錢，可能會拿來投資理財，比如買基金、股票、證券等。那麼，宋朝的有錢人，又是如何投資理財的呢？你沒猜錯，他們也會買證券，比如度牒。

度牒是古代出家人的身分證明，在唐、宋、明三朝，你想出家當和尚、尼姑、道士，都需要向官府申請一道度牒，如此才是合法的出家人。唐朝時申請度牒，一般只需要象徵性地繳納一點工本費；但到了宋朝，由於財政壓力大，朝廷便將度牒當作特殊商品出售，價格還不便宜。比如北宋中期，一道度牒的售價是一百二十貫錢，也就是大約二、三十萬新台幣，很貴吧？到了北宋末，度牒價格漲到兩百二十貫，南宋初，又漲到五百貫。想申請到一道度牒，還真不容易。

度牒這麼貴，有沒有人願意買？有，而且很多，但不是因為他們都想出家當和尚。讓我講一個小故事：

《水滸傳》裡的「花和尚」魯智深，原本並不是和尚，而是一名「提轄」，也就是宋朝的下層武官；他的本名也不叫魯智深，而是魯達。魯達在渭州打抱不平，幾拳打死「鎮關西」鄭屠，惹上官司，只好逃亡，一路逃到代州的雁門縣，被當地富豪趙員外收留，躲在趙員外的莊園內避禍。

但總是躲在別人家裡也不是辦法。這一日，趙員外找魯達商量——

趙員外：「魯提轄，這幾天有好幾個公差來到雁門縣，聽說是在追捕提轄，鄰舍街坊打聽得緊，只怕要來村裡緝捕。倘或有些疏失，如之奈何？」

魯達：「洒家自去便是了，決不連累你。」

趙員外：「趙某不是這個意思。只是，若留提轄在此，只恐有些山高水低；若不留提轄來，臉面上卻不好看。趙某倒有個主意，叫提轄萬無一失，足可安身避難，只怕提轄不肯。」

魯達：「洒家是個該死的人，但得一處安身便了，做什麼不肯。」

趙員外：「若如此，最好。離此間三十餘里有座山，喚作五臺山。山上有一個文殊院，方丈智真長老是我弟兄。我曾許願剃度一僧在寺裡，已買下一道五花度牒在此，只不曾有個心腹之人了卻這條心願。若是提轄肯時，一應費用都是趙某備辦。提轄委實肯落髮做和尚嗎？」

魯達：「既蒙員外做主，洒家情願做和尚了。」

就這樣，魯達由趙員外帶著，來到五臺山，剃度出家，當了和尚，法號「智深」。從此，魯達就改名魯智深，這個名號也填上了度牒。

魯智深的度牒，是趙員外送給他的。趙員外當初之所以向官府購買度牒，是因為他曾在五臺山的文殊院許願，要剃度一名僧人在寺裡。但是，並不是所有富人都有趙員外這樣的心願，他們購買度牒是另有打算——簡單來說，是將度牒當成投資理財的工具。因為宋朝的度牒是可以買賣的，花錢向官府買來度牒，不一定要出家當和尚，也可以轉手賣給別人。

由於整體來看，宋朝的紙幣是逐步貶值的，度牒的價格卻大致保持穩定，所以如果你將家裡的閒錢換成度牒，幾年後轉手賣出去，便可以對沖掉通貨膨脹造成的損失。就如同現代社會，人們會將手上的現金換成黃金存摺、國債等能夠保值的證券。而且，長遠來看，宋朝的度牒價格甚至一路上漲，轉手一次就可以賺到一筆錢。

所以，宋朝的土豪在度牒價格相對低廉的時候，會大量搶購，等到漲價時再拋售。比如北宋末，度牒的交易價一度跌到九十貫一道，當時的富豪就大量購入囤貨；後來漲到一百多貫一道，炒賣度牒的富戶便狠狠賺了一筆。你看，是不是跟今天炒股票差不多？所以我才說，宋朝的度牒其實就是一種有價證券。

宋朝還有其他證券，比如「茶鹽交引」，這是大商人到鹽場、茶場批發食鹽、茶葉的憑證，類似提貨單。原來，宋朝的茶葉、食鹽實行專賣制，茶鹽商人要拿到貨，必須先向官府繳納一筆錢，這筆錢包含若干斤茶葉或食鹽的批發價，以及相應的稅費。然後，官府便根據你繳納的費用，發給你相應價值的食鹽或茶葉交引。

這些茶鹽交引是印刷出來的票據，上面印著憑票可以領取多少斤食鹽、茶葉的面額，蓋有官印，還有一些防偽的設計。商人拿到茶鹽交引之後，就可以到官府指定的鹽場、茶場批發貨物，然後再販運給零售商或消費者。

當然，你也可以不去提貨，而是轉手將這些茶鹽交引賣給其他商人，這是被宋朝官府允許的。事實上，很多擁有茶鹽交引的宋朝商人出於種種原因，比如官方指定的鹽場、茶場太遠，或者急需一筆現金，便會將手中的交引賣掉；有時，也會有負債的商人用茶鹽交引來還債。讓我再講一個小故事：

宋徽宗時期，平江府有一個姓沈的富二代，人稱沈小官人。因為家裡有錢，又是少年心性，便帶了許多金銀寶貨到京城遊玩，天天在歌樓舞榭倚翠偎紅；久了也有點膩了，就想玩點新鮮的。這一天，他在京城剛認識的兩個酒肉朋友說：「沈兄，我們認識一位高人，住在郊外的豪宅裡，不如來去拜訪他。」

沈小官人一聽，來了興致，便讓這兩個酒肉朋友帶路，來到高人的豪宅，高人很熱情地接待了沈小官人。正喝著酒，身邊一間閣室裡傳來女子的嬉笑之聲，原來是幾個美女在裡面擲骰子，賭注無非是她們身上的髮釵首飾。

沈小官人一看，很是興奮，也加入她們。他運氣好，連擲幾把骰子都贏了。眾美女裡面，有一個年紀看起來最小、相貌最漂亮的少女輸得最慘，身上的首飾都輸掉了。她又隨手拿起雅室裡擺設的一個花瓶，對沈小官人說：「我以這花瓶為注，跟沈官人擲最後一把，這一擲該我贏的。」

沈小官人說：「好。我陪姑娘再玩一把。」結果這一把，沈小官人輸了。不過，他也沒放在心上，因為他看出那個花瓶並不值錢。沒想到，贏錢的少女將花瓶倒過來，從裡面倒出一大堆金釵、珍珠，讓沈小官人看傻了眼。眾人一估價，這堆寶貝至少值三千貫錢，可以買下一棟豪宅了。

沈小官人身上帶的金銀，加上前面贏得的財物，都不夠償還這筆賭債。幸虧他還帶了幾張價值兩千多貫錢的茶葉交引，只好以此抵債。正是因為宋朝的茶葉交引可以轉手，沈小官人才能脫身。

由於交引可以轉手，宋朝於是形成了發達的交引交易市場，還出現了交易鋪，類似今天的證券交易所。有錢的商人在交引價格走低的時候，就大量買入，等到交引價格上漲時，再轉手拋售，賺取價差，就如今天的炒期貨。且看宋人筆記耐得翁《都城紀勝》的描述：臨安天街上，「自五間樓北至官巷南御街，兩行多是上戶金銀鈔引交易鋪，僅百家餘。門列金銀及見錢，謂之看垛錢，此錢備入納算請鈔引。並諸作匠爐鞲，紛紜無數」。這裡的「金銀鈔引交易鋪」，便是宋朝的證券交易所。這些鋪子都是富商開設的，店門口堆著金銀、現錢，顯示其財力之雄厚，有足夠的資金向官府申購茶鹽交引，然後轉賣給其他商人；而由於商人購買交引時，使用的貨幣多是金銀，所以交引鋪又設有「作匠」與「爐鞲」。

宋朝的金融市場之發達，真的有點超乎我們的想像。

武大郎養得起潘金蓮嗎？

大家都知道，《水滸傳》裡有個武大郎，是個老實人，住在山東陽穀縣，以賣炊餅為生。宋朝的炊餅是什麼呢？可不是燒餅，而是饅頭。宋朝人習慣將麵食統稱為「餅」，水煮的麵條叫「湯餅」，蒸的饅頭叫「蒸餅」，由於「蒸」字與宋仁宗趙禎的名字「禎」音近，出於避諱，才將蒸餅改為炊餅。

武大郎的住房是一棟臨街的兩層小透天，樓上、樓下都能住人，他弟弟武松就曾在樓下住過幾天。不過，這棟小樓房並不是武大郎自己的，而是租來的。

武大郎的妻子潘金蓮是一名全職家庭主婦。可不要以為古代的女性都是這樣，其實宋朝也有不少職業女性在市井中做生意，或者在官私手工作坊打工、在富貴人家當傭人。潘金蓮不用出門工作，是因為武大郎的生意還能維持夫妻倆的生活。

到這裡，有一些朋友可能會感到奇怪：以武大郎一個饅頭小販的收入，能夠養得起老婆、付得起房租嗎？要回答這個問題，首先需要弄清楚：在宋朝，一個像武大郎這樣的下層階級，一天能賺多少錢？

北宋中期，淮西有一個當傭工的平民，每日收入約一百文錢，如果某天多賺了幾十文，則都用於買酒買肉。無獨有偶，北宋後期，即武大郎生活的時代，湖北有一個小販，在城市裡擺地攤，每日賺到一百文便收攤回家；酒足飯飽之餘，則吹笛唱歌，自得其樂。這個湖北小販與那名淮西傭工，都將自己的人生小目標設為一天賺一百文錢。如果他們相識，肯定會成為好朋友。

淮西傭工：「老兄，今日擺攤，生意如何啊？」

湖北小販：「賺了一百文，夠了。」

淮西傭工：「我也是賺一百文，哈哈，也夠了。」

一百文錢，是宋朝城市下層階級日收入的「基準線」。宋朝很多行業的從業者，不管是種地、砍柴、打魚、當傭人，或是做點小生意，一天的收入一般都在一百文錢左右，甚至乞丐也是「每日求丐得百錢」（《夷堅丁志》）。而如果手腳勤快一些，便可超過這個數字。比如南宋時，饒州小商販魯四公，在城裡賣豬血羊血煮成的羹食，日收入約有兩百文錢；吳中也有一名小商販，靠賣活黃鱔為生，每天收入約三百文錢左右。

《水滸傳》中，並沒有明說武大郎的收入水準，所以若參考宋朝下層階級的一般情況，武大郎每天的收入應該有一百至三百文錢。另外，從《水滸傳》的一處細節，我們也可以大概推算出武大郎每日賣饅頭的收入。小說寫道：有一日，武松因為有公務，需要離開陽穀縣一段時間。臨行之前，他找兄長武大郎吃了一頓酒，談了一席話。

武松說：「大哥，小弟蒙知縣相公差往東京幹事，明日便要啟程，多是兩個月，少是四五十日便回。有句話，特來和你說。」

武大郎說：「兄弟儘管直說，大哥聽著。」

武松又說：「你從來為人懦弱，我不在家，恐怕被外人欺負。假如你每日賣十扇籠炊餅，你從明日開始，只做五扇籠出去賣；每日遲出早歸，不要和人吃酒。回到家裡，便下了簾子，早閉上門，省了多少是非口舌。如若有人欺負你，不要和他爭執，待我回來，自和他理論。大哥若依我，滿飲此杯。」

武大郎說：「我兄弟說得是，我都依你。」

從武氏兄弟的這一段對話，我們可以知道，武大郎每天大概可以賣掉五至十籠饅頭。我們取最小值，假設他每日賣五籠，一籠大約有十八個，五籠就是九十個。北宋末，一個饅頭售價大約是五、六文錢，那麼每天賣掉九十個饅頭，營業額大概有五百文錢；若按百分之五十的利潤計算，毛利是兩、三百文錢，正好與宋朝下層階級的收入水準相當。

那麼，每天兩、三百文錢的收入，可以維持怎樣的生活水準呢？住得起兩層小透天、養得起全職家庭主婦嗎？於是，我們需要再弄清楚另一個問題：在宋朝，一個像武大郎這樣的城市下層階級，一天的生活成本是多少錢。

對一般人來說，最大的開銷就是維持溫飽。以宋朝的物價，一個成年人每日吃飽飯需要二十文錢，再加上肉、菜，每口每日約要四十文錢；每人每年還要另掏五百文用於購買布料做衣服。此外，住房也是一項必要支出，不過武大郎的房子是租的，這方面的開銷相對較小。北宋時，東京開封府的社會住宅每日租金約十五文，陽穀縣是個小地方，房租應該不會高於都城，我們就按一天十五文錢計算。

這麼算下來，武大郎一家兩口，每天吃飯的費用需要八十文左右，房租需要十五文，一共大約一百文。考慮到潘金蓮是一個愛美的女子，少不了要買一點胭脂水粉，衣裙也要多幾件替換，所以，武大郎家一天的開銷起碼要一、兩百文。

如果武大郎每天賣饅頭能夠賺兩、三百文錢，他與潘金蓮的小日子還是可以過下去的。從《水滸傳》的描述來看，雖然潘金蓮有點瞧不起丈夫，但主因還是武大郎長得矮，又太老實，時常受人欺負；如果從收入水準來看，武大郎的表現還是挺不錯的。這一點我們可以從《水滸傳》的兩處細節看出來：

第一處細節。武松首次登門拜訪兄長位於陽穀縣紫石街的家，武大郎與潘金蓮引武松上樓。潘金蓮對武大郎說：「大郎，我陪侍著叔叔坐，你去安排些酒食來，管待叔叔。」武大郎應道：「那最好不過了。二哥，你且坐一坐，我去去便來。」不一會，大郎已買了些酒肉、果品歸來。可見武大郎一家是吃得上酒肉、果品的。

還有一個細節。有一天，武大郎賣炊餅回來，看見老婆面色微紅，便問她：「你哪裡吃的酒？」潘金蓮說：「便是隔壁的王乾娘央我做送終的衣裳，日中安排些點心、小酒請我。」武大郎說：「啊呀！不要白吃她的。你明日倘若再去給她做衣裳時，帶了些錢在身邊，也買些酒食與她回禮。常言道：『遠親不如近鄰』，休要失了人情。」第二天，潘金蓮又去見王乾娘時，便取出一貫錢來，付予乾娘：「乾娘，奴和你買杯酒吃。」

你看，武大郎輕輕鬆鬆便能掏出一貫錢給老婆，讓她買酒食作為給王乾娘的回禮。說到這裡，我都有點佩服武大郎了。

當然，《水滸傳》是一部小說，武大郎與潘金蓮的故事是小說家虛構的，我們不能只從小說對武大郎生活的描述就推斷宋朝普通市民的生活水準。不過，根據文獻的記載與學者的研究，宋代確實是一個相對富足的時代。宋朝人自己說：「京城資產百萬者至多，十萬而上，比比皆是。」（《續資治通鑑長編》）意思是，你往東京開封府的大街上隨便扔一塊石頭，便能砸中一個腰纏十萬貫的土豪。

武大郎的身家離土豪當然還有十萬八千里遠，不過，他靠每日在街頭賣饅頭來維持溫飽，還是沒有問題的。

宋人的夜晚，繁華剛剛開始

如果我們能夠在唐朝與宋朝之間來回穿越，便會發現，唐宋的夜晚是完全不同的風景。有什麼不同呢？讓我先說一個小故事：

唐玄宗天寶年間，長安城有個滎陽公子，年少風流。一日，滎陽公子遊平康坊，遇到一位容貌豔麗的絕色女子，整個人都驚呆了，連手中的馬鞭都掉在地上。回來一打聽，才知道那位絕色女子叫李娃，是平康坊有名的歌伎。滎陽公子一心想要結識，便換了新衣裳，又來到平康坊，登門拜訪，見李娃「明眸皓腕，舉步豔冶」（《李娃傳》），不敢直視。李娃則烹茶斟酒，盛情款待。不覺日暮，街鼓響起。

李娃的媽媽走過來，問滎陽公子：「敢問公子家住何處，離此遠否？」

滎陽公子說：「回李媽媽，在下住延平門外，離此數里。」

李媽媽說：「街鼓已響，公子當速速歸去，以免犯禁。」

為什麼街鼓一響，李娃的媽媽就要催滎陽公子趕緊回家？因為唐朝時，城市實行宵禁制度，天一黑，街鼓敲響，大街便開始清道，民眾必須趕緊回家。如果夜間在大街上閒晃，叫作「犯夜」或「犯禁」，是會被巡夜的官兵抓起來治罪的。

所以，唐朝市民是沒什麼夜生活的，天黑了就「洗洗睡」。長安城裡也沒什麼夜市，別看白天的長安城熱鬧繁華，一到晚上，就是一片昏暗、寂靜。只有元宵節例外，因為元宵節會開放宵禁三天，讓市民鬧花燈。

然而，如果滎陽公子與李娃生活在宋朝，情況就不一樣了。讓我再說一個小故事：北宋後期，蘇軾在杭州當太守，每遇閒暇，總是約上幾位文人墨客，帶著歌伎，泛舟西湖，遊山玩水一整天，直到半夜才盡歡回城。這時，城內的夜市尚未打烊，城中仕女雲集，夾道圍觀蘇軾等人騎著高頭大馬，喧喧鬧鬧回衙府。

也就是說，假如滎陽公子生活在宋朝，入夜之後，他可以繼續與李娃聊天，或是帶著李娃逛夜市，不用擔心「犯夜」，因為此時的宵禁制度已經鬆弛下來了。

北宋前期，城門還保留宵禁制度，不過時間比起唐朝已經大大縮短，城內則已無宵禁。唐朝的宵禁大約從晚上七點開始，到次日早晨四點結束，時長約九個小時；北宋初的宵禁則是從晚上十一點開始，到淩晨三點結束，只有四個小時——可不要小看這縮短的幾個小時，它足以讓許多市民過上豐富的夜生活了：遊玩、逛街、購物、飲酒、會友、聊天、看演出……。

到了北宋中後期，宵禁制度基本上就作廢了，連街鼓都沒有人去敲；南宋的學生讀到唐詩中的「街鼓」，都一臉茫然，不知道到底是什麼東西：「京都街鼓今尚廢，後生讀唐詩文及街鼓者，往往茫然不能知。」（《老學庵筆記》）

因為宵禁制度鬆弛，宋朝城市形成了熱鬧的夜市，商鋪、飯店、酒樓、茶坊在夜間都開門營業，直到深夜一點才打烊，淩晨三、四點鐘就又打開店門，販賣早點與洗臉熱水；還有些酒樓甚至是二十四小時營業的。即便是寒冬臘月、大風雪天氣，也有夜市。

記得前面介紹的燈箱廣告嗎？為什麼豪華酒樓需要擺出燈箱？就是因為宋朝的酒樓在夜間也會營業。一入夜，這些酒樓便「燈燭熒煌，上下相照」（《東京夢華錄》）；北宋東京的馬行大街因此「人物嘈雜，燈光照天」，燃燒的燭油熏得整條街巷連蚊子都不見一隻：「天下苦蚊蚋，都城獨馬行街無蚊蚋。」（《鐵圍山叢談》）

我想，如果一千年前就有衛星地圖，人們會發現，入夜後，全世界許多地方都陷入一片漆黑，只有宋朝境內的城市還是燈光明亮。可以說，唐朝的夜晚是昏暗的，而宋朝的夜晚則是燈火通明的。

要說唐朝人的夜晚，其實也有徹夜不眠的夜生活，但通常只屬於貴族官宦之家，就如一首唐詩所形容的：「六街鼓絕塵埃息，四座筵開語笑同。」（姚合〈同諸公會太府韓卿宅〉）市井的冷清與朱門的喧鬧，形成強烈的對比。到了宋代，這樣的對比竟然顛倒過來——夜間市井的喧嘩、酒樓傳出的絲竹歌笑之聲，將豪華的皇宮襯托得冷冷清清，以至宮人都忍不住向宋仁宗發牢騷：「官家且聽，外間如此快活，都不似我宮中如此冷冷落落也。」（施德操〈北牕炙輠錄〉）

現在，我們就到宋朝的夜市逛逛，親身感受一下宋朝夜晚的繁華。首先我們會聽到各種叫賣聲——

熟食小販：「螃蟹、蛤蜊、鱔魚、羊頭肚肺、批切羊頭、旋煎羊白腸、旋炙豬皮肉、炸凍魚頭、野鴨肉，一份三十文。客官，來一份？」

首飾店夥計：「小店新到幾隻琉璃髮簪，這幾位姑娘，要不要進來看看？」

酒館夥計：「新酒開壇，免費試嘗，一人一盞。」

算命先生：「蔣星堂算卦，一卦二十文，不準不要錢。」

宋朝的夜市，燈火輝煌，人聲鼎沸，熱鬧非凡。你可以逛街，走累了可以坐下來，吃點宵夜；你也可以到店鋪購物、到茶坊喝茶、到酒肆飲酒，還可以到瓦舍勾欄觀賞表演。此外，還有販賣各種美食、果子與飲料的流動攤販，也有走江湖的藝人在街頭賣藝。

宋朝人喜歡算卦，所以夜市裡又有許多賣卦人，這些人為了招攬顧客，都給自己的卦攤起了噱頭十足的名號，什麼「蔣星堂」、「玉蓮相」、「玉壺五星」、「草窗五星」、「鑑三命」、「桃花三月放」，有的賣卦人甚至喊出「時運來時，買莊田，娶老婆」的廣告。

夜市這麼熱鬧，愛熱鬧的宋朝人怎能不逛夜市？《水滸傳》裡，有一年元宵節，李逵聽說燕青想潛入東京城看花燈，便嚷著也要跟去，因為梁山泊窮山惡水，平日沒什麼娛樂。燕青只好帶著李逵，喬裝打扮，悄悄溜進東京城。入城第一件事就是投桑家瓦舍而來，只聽得勾欄內鑼響，說書人開始講《三國志》，李逵定要進去，燕青只得和他挨在人叢裡，聽講評書。

不過，也不要以為出門逛夜市的都是李逵、燕青這樣的男人，其實，宋朝的女子也是可以享受都市夜生活的。東京的潘樓東街巷，街北有一家茶鋪，內設仙洞仙橋，「仕女往往夜遊，吃茶於彼」（《東京夢華錄》）。

有錢又有閒的宋朝士大夫也愛逛夜市。宋真宗時，天下無事，國泰民安，士大夫閒暇之時，多宴飲於酒樓，日以繼夜，只有晏殊躲在家中讀書。後來，真宗皇帝為太子選老師，選中了晏殊。宰相們都覺得奇怪，因為那時候，晏殊還很年輕，當太子老師似乎略嫌稚嫩。為什麼皇帝不選德高望重的士大夫，卻選了年輕的晏殊呢？真宗皇帝說：「近聞館閣臣僚，無不嬉遊宴賞，彌日繼夕。惟殊杜門與兄弟讀書，如此謹厚，正可為東宮官。」（《古今長者錄》）

晏殊聽了，很不好意思地說：「臣非不想出去宴遊，只是家中貧窮，拿不出閒錢。臣若是有錢，也會出去遊樂，因為沒錢，才不敢出門。」

這才是實話嘛。宋朝的市井那麼繁華，誰不想見識見識呢？

參考資料

古籍

孟元老撰，伊永文箋注，《東京夢華錄箋注》，中華書局，2006年8月。
吳自牧撰，闞海娟校注，《夢粱錄新校注》，巴蜀書社，2013年11月。
周密著，李小龍、趙銳評注，《武林舊事》，中華書局，2007年9月。
陶穀、吳淑，《清異錄·江淮異人錄》，上海古籍出版社，2012年11月。
王明清，《摭青雜說》，商務印書館，1939年。
蘇軾撰，王松齡點校，《東坡志林》，中華書局，1981年9月。
葉夢得，《石林燕語》，中華書局，1984年5月。
周密，《齊東野語》，中華書局，1983年11月。
陳元靚撰，許逸民點校，《歲時廣記》，中華書局，2020年6月。
蔡絛撰，馮惠民校，《鐵圍山叢談》，中華書局，1983年9月。
中國社會科學院歷史研究所宋遼金元史研究室點校，《名公書判清明集》，中華書局，2002年6月。
洪楩，《清平山堂話本》，中華書局，2001年9月。
《新刊大宋宣和遺事》，中國古典文學出版社，1954年11月。
趙明誠撰，金文明校證，《金石錄校證》，廣西師範大學出版社，2005年10月。

洪芻、陳敬，《香譜．陳氏香譜》，浙江人民美術出版社，2016年1月。
馮夢龍，《喻世明言》、《警世通言》、《醒世恆言》，嶽麓書社，1989年1月。
施耐庵、羅貫中，《水滸傳》，人民文學出版社，1997年1月。
曹雪芹、高鶚，《紅樓夢》，人民文學出版社，1996年12月。
北京大學古文獻研究所編，《全宋詩》，北京大學出版社，1999年12月。
唐圭璋編，《全宋詞》，中華書局，2005年1月。

論文與論著

肖興義，〈遼代植毛骨質牙刷與古代植毛牙刷考證〉，《文物鑑定與鑑賞》2010年第5期。
韋兵，〈黃道十二宮與星命術：文人和他們的摩羯宮〉，《文史知識》2015年第3期。
李合群，〈論中國古代里坊制的崩潰——以唐長安與宋東京為例〉，《社會科學》2007年第12期。
毛華松，〈論中國古代公園的形成——兼論宋代城市公園發展〉，《中國園林》2014年第1期。
葛金芳，〈宋代經濟：從傳統向現代轉變的首次啟動〉，《中國經濟史研究》2005年第1期。
朱瑞熙，〈宋代的節日〉，《上海師範大學學報（哲學社會科學版）》1987年3月。
張邦煒，《宋代婚姻家族史論》，人民出版社，2003年12月。
李華瑞，《宋代酒的生產和征榷》，河北大學出版社，2001年6月。
彭信威，《中國貨幣史》，上海人民出版社，2007年12月。
漆俠，《宋代經濟史》，中華書局，2009年9月。
汪聖鐸，《兩宋貨幣史》，社會科學文獻出版社，2003年9月。

黃純艷，《宋代海外貿易》，社會科學文獻出版社，2003年3月。
于左，《玩在宋朝》，商務印書館，2012年10月。
王福鑫，《宋代旅遊研究》，河北大學出版社，2007年12月。
沈冬梅，《茶與宋代社會生活》，中國社會科學出版社，2007年8月。
虞雲國，《水滸亂彈》，中華書局，2008年12月。
王學泰，《「水滸」識小錄》，廣西師範大學出版社，2012年11月。
周寶珠，《宋代東京研究》，河南大學出版社，1992年4月。
李春棠，《坊牆倒塌以後》，湖南人民出版社，2000年1月。
吳鉤，《風雅宋：看得見的大宋文明》，廣西師範大學出版社，2018年6月。
吳鉤，《宋：現代的拂曉時辰》，廣西師範大學出版社，2015年9月。
柏清韻著，劉曉、薛京玉譯，《宋元時代中國的婦女、財產及儒學應對》，中國社會科學出版社，2020年10月。
謝和耐著，黃建華、黃迅余譯，《中國社會史》，江蘇人民出版社，2008年4月。
馬可．波羅著，沙海昂注，馮承鈞譯，《馬可波羅行紀》，上海古籍出版社，2014年3月。

有種生活叫宋朝

作　　者｜吳鉤

一卷文化
社長暨總編輯｜馮季眉
責任編輯｜林諺廷
封面設計｜兒日設計
內頁排版｜紫光書屋

出　　版｜一卷文化／遠足文化事業股份有限公司
發　　行｜遠足文化事業股份有限公司（讀書共和國出版集團）
地　　址｜231 新北市新店區民權路 108-2 號 9 樓
郵撥帳號｜19504465 遠足文化事業股份有限公司
電　　話｜(02)2218-1417
客服信箱｜service@bookrep.com.tw

法律顧問｜華洋法律事務所　蘇文生律師
印　　製｜中原造像股份有限公司

出版日期｜2025 年 02 月　初版一刷
定　　價｜480 元　　書號｜2THS0004
ＩＳＢＮ｜9786269943302（平裝）
　　　　｜9786269914784（EPUB）　　9786269914791（PDF）

國家圖書館出版品預行編目資料

有種生活叫宋朝 / 吳鉤著 . -- 初版 . -- 新北市：遠足文化事業股份有限公司一卷文化 , 遠足文化事業股份有限公司 , 2025.02
320 面；　14.8x21 公分
ISBN 978-626-99433-0-2 (平裝)

1.CST: 社會生活　2.CST: 文化史　3.CST: 宋代

635　　114000379